流通経済大学社会学部創設30周年叢書

前近代スペインのサンティアゴ巡礼

比較巡礼史序説

関　哲行

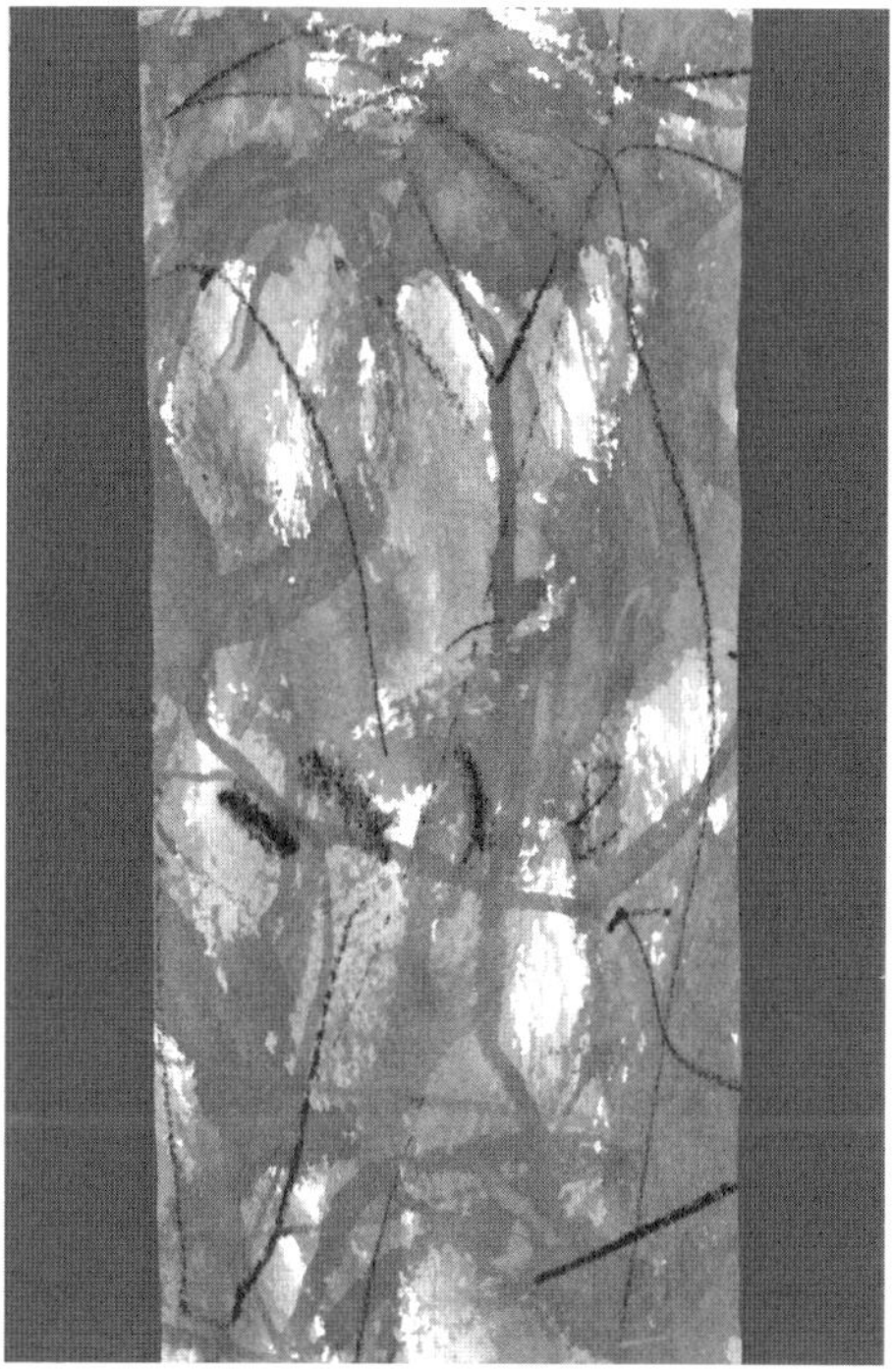

流通経済大学出版会

前近代スペインのサンティアゴ巡礼——比較巡礼史序説　＊　目次

ラ・コルーニャ
アストゥーリアス
サンティアゴ・デ・コンポステーラ
オビエド
カンタブリア
フランス
ガリシア
レオン
バスク
ルルド
ブルゴス
パンプローナ
アンドーラ
カスティーリャ・イ・レオン
バリャドリード
ドゥエロ川
サラゴーサ
アラゴン
カタルーニャ
サラマンカ
セゴビア
ポルトガル
ファーティマ
バルセローナ
マドリード
エブロ川
エストレ
リスボン
トレード
カセレス
タホ川
マジョルカ島
メリダ
カスティーリャ・ラ・マンチャ
バレンシア
マドゥーラ
セビーリャ
コルドバ
バレアレス諸島
アンダルシーア
ムルシア
グラナダ
カディス
アルジェ
セウタ
オラン
アルジェリア
モロッコ
メリーリャ

現在のスペイン

はじめに

一　巡礼と私

私が巡礼に関心を寄せるようになったのは、父の死がきっかけであった。父が早世した後、母は心の空白を埋めるかのように、埼玉の秩父霊場を回り、下北半島の恐山に足繁く通った。異界（他界）との接点とされる霊場に身を置き、恐山のイタコに耳を傾けて、父との霊的交流を果たすことが目的である。戦後世代に属する私には、当初、母の行動が理解できなかった。だが毎年、夏の例大祭にあわせて恐山に登り、イタコの口寄せで内面を癒される母を目の当たりにして、次第に信仰や宗教の世界に魅せられた。内面的純化や贖罪、心の癒しを求めての聖地歴訪を「巡礼」と呼ぶとすれば、母の行為は巡礼そのものであった。

私が生まれ育った茨城県北部の日立市は、江戸末期に開発された赤沢銅山と共に発展してきた工業都市で、日立製作所の発祥の地として知られる。豊かな広葉樹林や針葉樹林帯の広がる阿武隈山地と太平洋に挟まれた日立市にあっては、一九六〇年代まで山岳信仰、樹木信仰や巨石信仰などの自然崇拝が色濃く残されていた。健康維持のためドクダミやセンブリ、ウイキョウなどの山野草が広く採取されていたし、病気治癒に際しての自然崇拝や、様々な年中行事での神仏習合は、日常的光景であった。

これはなにも、茨城県北部の地方都市だけの現象ではなかったであろう。今でも日本人の多くは、元日には神社に参拝しながら、結婚式は教会、葬儀は仏式で執り行っている。四国霊場では自然崇拝や神仏習合が一般的であるし、かつて訪れた松山市内の霊場には、「隠れキリシタン」の墓所すらある。わが家も例外ではなく、伝統的仏教宗派に属する末寺の檀家とはいえ、ライフサイクルの節目節目に神社に参拝し、同姓の何軒かと共同で氏神を祀っている。

一九六〇年代以降、開発が進むにつれて、周囲の山林が切り開かれ、鎮守の森も縮小して、自然崇拝はほとんど姿を消した。高度経済成長の中で、地方都市は工業都市へと変貌し、病気治癒は医者の手に独占された。しかし自然崇拝や神仏習合が消滅したわけではなく、お盆やお彼岸に死者の霊魂が来世と現世を往還するとの死生観も、広く浸透している。盆船や灯篭流しは、海の彼方にあるとされる他界と現世を結ぶ伝達手段であるし、お彼岸には生者が祖先の霊を迎えるため、「三途の川」を象徴する水桶を手に、死者の世界（墓地）に足を踏み入れる。日本人にとって他界は身近な存在であり、人は他界に入って神となる一方、神は一定の宗教儀礼を経て、現世に戻り人となるのだ。前述した母の行動が、こうした伝統的宗教観と深く係わっていることはいうまでもない。

かつて居住していた茨城県南部の地方都市取手市には、新四国相馬巡礼の霊場が散在し、毎年春になると、白装束を纏ったお年寄りが、マイクロバスに分乗して霊場巡りをしていた。菜の花の咲き乱れる田舎道を歩む巡礼者は、取手市の春の風物詩のひとつであった。

この新四国相馬霊場は、取手市内にある臨済宗の名刹、長禅寺の観覚光音禅師が江戸時代中期に高野山で修業をした後に、四国霊場の土を持ち帰ったことに由来しており、典型的な四国霊場の「移し」である。「移し」の目的は、遠方の霊場を身近なものとし、民衆や老人、女性、障害者など移動の困難な人々（社会的弱者）をも巡礼に誘い、彼らの霊的救済を担保することにあった。身近な霊場であるだけに、巡礼の基本的属性である非日常性は希薄となり、接待（食物授受）と「異化の仕掛け」――巡礼を実践すべき時期が限定され、霊場を一日ではなく二日がかりで経めぐらなければならない――による非日常性の演出が不可欠であった。この接待と「異化の仕掛け」により、四国霊場から遠く離れた関東地方の民衆や社会的弱者であっても、定住者から漂泊者となり、聖化の機会を与えられたのである。

新四国相馬巡礼八十二番札所の弘経寺

開発が進み、朽ち果てた霊場も散見されるが、最近は私も家内安全と健康増進、顧問を務めるサッカー部の勝利を祈念して参拝する機会が増えた。就活にいそしむゼミ生やサッカー部の学生の幸運を祈願すべく、利根川沿いの「小巡礼」に参加し、地元のお年寄りから、お茶菓子の接待も受けた。長期入院したためだろうか、平均余命を意識し始めた六十代後半から、死や来世が頭の片隅をよぎるようになり、霊場はより身近な存在となった。機会があって訪れた松山市内の四国霊場では、若者や外国人を含む多くの巡礼者とすれ違い、日本人の心性の変化を感じずにはいられなかった。

生産性や収益を最優先し、社会格差の拡大する日本社会の現状が、四国巡礼への関心の高まりの背景にあることは否定できない。それは少子高齢化の進行や地方社会の疲弊、環境破壊への危機感とも連動しているし、東欧社会主義圏崩壊後の価値観の転換、情報革命やグローバル化の進展と関連しているとみるべきであろう。

巡礼への関心は、日本特有の現象でもなければ、現代社会に固有のものでもない。多くのカトリックやムスリム（イスラーム教徒）が、今なお巡礼行を実践しているからだ。しかし巡礼史を展望した時、中近世こそ、巡礼現象が最も高揚した時代であった。巡礼者の多数を占める民衆にとって、巡礼や信仰はいかなる意味をもつのか。歴史的に民衆は、これをどう認識し実践してきたのか。ヨーロッパ有数の霊場を抱える中近世スペインを例に、この問いを検証したい。

二　動揺するヨーロッパ近代の価値観

スペイン北西部のガリシア地方に位置するサンティアゴ・デ・コンポステーラ（以下、基本的にサンティアゴと略記）は、サンティアゴ教会の門前町として発展した歴史ある都市で、ガリシア自治州の州都とはいえ、現在の人口は九万五千人ほどである。サンティアゴ教会を含む旧市街とサンティアゴ巡礼路は、ユネスコの世界文化遺産に登録されており、サンティアゴは世界中から多くの巡礼者と観光客を集めるスペイン有数の観光都市である。

サンティアゴは中世ヨーロッパ世界において、イェルサレム、ローマと並ぶ三大聖地の一つとされ、ヨーロッパ全域から多くの巡礼者を集めた。この聖地を目指したのがサンティアゴ巡礼であり、一九九〇年代以降、巡礼者数が大きく伸長している。聖年（ユビレウス）の巡礼者数を例にとると、一九八二年に二千人弱であったサンティアゴ巡礼者は、一九九三年に十万人、二〇〇四年に十八万人、二〇一〇年に二十七万人に達した。特別の恩寵の与えられる聖年には、とりわけ多くの巡礼者が参集したため、指標として不安定な側面もあるが、巡礼現象の全般的拡大傾向を看取することは可能だろう。平年の巡礼者に関しても同様で、一九八七年に三千人にすぎなかった巡礼者は、二〇〇七年に十一万人、二〇一七年に三十万人と着実に増加している。この巡礼者数は、巡礼事務所で正規に登録された徒歩巡礼者と自転車巡礼者を主対象としたもので、車やバス、飛行機を利用した巡礼者は含まれていない。近代的移動手段を利用した巡礼者や観光を兼ねた巡礼者を加算すれば、巡礼者数はさらに膨張するだろう。イスラーム世界でも一九七〇年代以降、巡礼者数には急激な増加がみられ、二〇一三年のメッカ巡礼（ハッジ hajj ＝大巡礼）者数は百九十万人、二〇一八年には二百四十万人に上った。

サンティアゴ教会とオブラドイロ広場

　日本と同様、ヨーロッパでもイスラーム世界でも、巡礼への関心が着実に高まっている。しかしこれは偶然の符合ではあるまい。生産と労働、成長と発展、最大利潤を基調としたヨーロッパ近代の伝統的価値観の動揺と深く係わっているとみるべきであろう。「内面的癒し」や「社会的癒し」を求めての巡礼行は、ヨーロッパ近代の価値観と異なる、新たな価値観の模索を表象しているからだ。

一九七〇年代までのサンティアゴ巡礼研究は、主として教会史の枠組みの中で行われてきた。聖職者や神学者といった教会エリートの言説が重視され、シンクレティズム（習合現象）はもとより、巡礼者の多数を占めた民衆への関心は希薄であった。

だがフランコ体制が崩壊し、スペインの民主化が進む中で、一九八〇年代以降、「アナール派」の影響力が強まり、研究状況は一変した。研究領域が多様化し、聖人（聖者）崇敬に代表される民衆信仰――エリートの言説と土着信仰の交点に成立しながらも、後者の比重が高く、民衆をはじめ様々な階層に浸透した――やシンクレティズムのみならず、民衆の集合心性（マンタリテ）すら研究対象として浮上したのである。歴史学、宗教学、文学史、美術史、音楽史、観光学、文化人類学など多様な研究領域を糾合した国際シンポジウムが頻繁に開催され、サンティアゴ巡礼研究は大きく進展した。

ヨーロッパ連合（EU）の教育・文化総局がサンティアゴ巡礼を、カトリックとプロテスタントによって分断される以前のヨーロッパ統合の象徴として位置づけたことも、研究の進展を促した。日本でも一九八〇年代以降、サンティアゴ巡礼に関する個別研究や翻訳が相次ぎ、シンクレティズムや民衆信仰を内包するサンティアゴ巡礼像は、ほぼ定着した感がある。

三　普遍的宗教現象としての巡礼

巡礼はプロテスタントを除くキリスト教諸派、イスラーム、ユダヤ教のみならず、仏教やヒンドゥー教でもみられる宗教現象であり、地域や時代に応じて多種多様な形態をとる。十六世紀の宗教改革により成立し、聖書主義の立場をとるプロテスタント諸派が、ローマ教皇権を否定し、基本的に聖地巡礼や聖人・聖遺物崇敬——マリア崇敬を含む——を否認するのは当然であるにしても、カトリックをはじめとする他のキリスト教諸派、イスラーム、ユダヤ教の多くが、これに肯定的であることは留意されてよい。巡礼と聖人・聖遺物崇敬を指標としたとき、カトリックとプロテスタントとの距離よりも、カトリックとイスラーム、ユダヤ教、仏教、ヒンドゥー教との距離の方が近いということもできる。

三つの一神教の聖地イェルサレム

　ラテン語で「ペレグリナティオ peregrinatio」、アラビア語で「ハッジ hajj」、ヘブライ語で「アリヤー ʻaliyah」と称された巡礼は、四国巡礼の例を挙げるまでもなく、日本でも広く知られる宗教現象である。ヒンドゥー教と同じく、右回りに巡拝コースが設定された四国巡礼では、巡礼者（遍路）は脱俗儀礼を行った後に、接待や善根宿といった巡礼行完遂のための慈善装置が組み込まれた巡礼路に足を踏み入れた。巡礼者はこれらを利用し、また現世利益と来世での救済を願って、他界との接点に位置する「辺地」——西方浄土や海上他界観に基づくもので、四国の海岸部をさす——を経巡った。ペレグリナティオ、ハッジ、アリヤーも、俗世と他界とをつなぐ神ないし聖人（イスラームでは聖者、ユダヤ教では義人）ゆかりの聖地を訪れ、経巡ることを意味しており、類似性が少なくない。peregrinatio の語源が、per ager すなわち「土地を経巡る」ことに求められるのは、象徴的である。

キリスト教、イスラーム、ユダヤ教は、東地中海ないしその周辺に成立した一神教で、十字軍やレコンキスタ（再征服）運動の例を挙げるまでもなく、対立と抗争の長い歴史をもつ。その一方で、キリスト教徒とムスリム（イスラーム教徒）、ユダヤ人（ユダヤ教徒）は、前近代の地中海世界にあって多様な形で「棲み分け」、「共存 convivencia」ないし「併存 coexistencia」し、差別と緊張を孕む濃密な異文化コミュニケーションを積み重ねてきた。これら三つの一神教の複雑で重層的な歴史が、最も典型的に展開された時空間の一つが、地中海西端に位置する中近世のスペインであり、三つの一神教をつなぐ主要紐帯ともいうべきものが、巡礼であった。三つの一神教は、巡礼に加え、それと密接に関わる民衆信仰、シンクレティズム（習合現象）という共通の土壌も内包しており、一般に考えられている以上に親近性が強いのである。

四　聖と俗の狭間に

プロテスタントを除くキリスト教徒、とりわけカトリックにとって巡礼は、宗教的義務ではないものの、イエスの「苦難の長旅」を追体験し、信仰を強化する秘蹟に準じた宗教的行為とされる。ムスリムやユダヤ人にとっても、メッカ巡礼やイェルサレム巡礼は、生涯に一度は実践すべき宗教的義務ないし理想とされた。

聖人や聖遺物、奇跡願望は三つの一神教のいずれにおいても確認され、「苦難の長旅」と慈善との関係も緊密である。多くの巡礼者にとって、日常的生活圏を越えた長距離移動としての巡礼行は、無料の食事・宿泊・医療サービスを提供する施療院などの慈善施設 hospital なしには、達成できなかったからである。王権、都市当局、教会・修道院、兄弟団 cofradía による施療院での食事・宿泊・医療サービスは、多くが質素で小規模なものにすぎなかったが、こうした慈善活動があればこそ、王権や教会・修道院の支配、都市当局や兄弟団に結集した寡頭支配層の権力が正当化され、民衆に受容されたのであった。

多くの施療院が都市に設立され、聖遺物の多くが都市内の教会や修道院に安置されていることから、巡礼行はサンティアゴ巡礼路諸都市開発の原動力になりえたし、巡礼行が景観や風俗、言語、度量衡、流通貨幣を異にする非日常圏の移動である限り、観光としての要素も内包せざるを得なかった。伝統的な巡礼研究の多くがそうであったように、巡礼を宗教的行為と位置づけるだけでは不十分なのである。巡礼は世俗権力や都市開発とも密接に関わっているからだ。宗教的性格と世俗的性格を併せもち、両者が相互浸透した宗教現象として、巡礼を多角的に把握する「巡礼の全体史」が模索されねばならない。

サンティアゴ巡礼路沿いの菜の花畑

ヨーロッパ近代の伝統的価値観が揺らぎ、その一変種であった東欧社会主義圏が崩壊した二〇世紀末以来、宗教問題や民族問題、環境問題が世界各地で噴出し始めた。余暇や観光、巡礼への関心の高まりも、生産と労働、最大利潤に偏重した伝統的価値観への「異議申し立て」とみるべきであろう。

伝統的な観光学研究によれば、巡礼は観光を含む広義の余暇活動の一部とされ、濃密な宗教的性格を保持しながらも、聖地からの回帰を前提に、非日常圏で営まれる余暇活動と定義される。同様の余暇活動でありながら、観光行動にあっては、宗教的性格が著しく希薄であり、宗教的性格の濃淡こそが、巡礼と観光を峻別する最大の指標とみなされた。ヨーロッパ近現代社会をモデルとした、こうした観光（世俗的余暇活動）と巡礼（宗教的余暇活動）の二項対立モデルは、一九九〇年代以降、強い批判に晒され、そのため現在の観光学研究は、巡礼と観光の親近性、巡礼のもつ観光的性格を強調する方向へと、基本的立場をシフトさせている。それを端的に表明したのが、観光学者のエリック・コーエンやボリス・ヴコニッチの提唱する「宗教的観光 religious tourism」である。実際、中近世の巡礼記や旅行記を読む限り、巡礼と観光は混然一体となっており、「宗教的観光」としての巡礼は説得力がある。

もとより観光とはいっても、中近世のそれは、現代社会のような大衆的基盤を欠いており、また人権に配慮した労働者の余暇権も保証されておらず、両者には大きな落差がある。しかし中近世ヨーロッパ社会にも、観光現象が胚胎していることは否定できず、本書ではこれを「観光」と表記したい。そうした「観光」の好例が、中近世のサンティアゴ巡礼である。言語や宗教、エスニシティを異にする多数の異教徒を包摂し、巡礼ないし「観光」が活発に展開された中近世スペインのモザイク社会は、現代社会の直面する問題を考える上で、様々な示唆を与えてくれるに違いない。

スペインは他の西ヨーロッパ諸国のような近代化、工業化を達成することはできなかったが、ＷＴＯ（世界観光機構）の本部が置かれ、三つの一神教が交差した地であることから、特有の観光資源——三つの一神教が「併存」したことに起因——も少なくなく、観光収入への依存度も大きい。教会や修道院、施療院、城塞などの歴史的建造物を改修してつくられたパラドール（半官半民の宿泊施設）は、スペイン観光を象徴するものであり、サンティアゴ教会西門前のパラドールに示されるように、その歴史的起源はサンティアゴ巡礼者向けの中世の施療院に遡る。

本書は巡礼と密接に関係する民衆信仰、シンクレティズム、「観光」、慈善をキーワードに、中近世スペインの巡礼を読み解こうとするものである。巡礼というプリズムを通してみた、前近代スペイン史と言い換えることもできる。考察の中心はサンティアゴ巡礼であるが、三つの一神教の系譜関係、スペイン史と宗教の緊密な関係を意識して、スペインのムスリムとユダヤ人の巡礼についても言及する。

聖地サンティアゴ近郊の「喜びの丘」に建つ巡礼者像

第一章　海を渡る巡礼者たち

15世紀のカタルーニャ地図

キリスト教公認後の四世紀末、スペイン北部ガリシア地方の女性巡礼者エゲリアが、聖地パレスティナ巡礼を果たし、イエスや聖書ゆかりの聖地イェルサレム、ナザレ、ガリラヤ湖、ヨルダン川、シナイ山などを訪れている。ローマ皇帝テオドシウス一世の姻戚ともされるエゲリアは、敬虔で教養ある有力家門出身の女性で、ローマ軍に守られながら巡礼行を完遂し、自らラテン語の巡礼記を書き残している。その巡礼記には聖地、聖人、聖遺物、奇跡が言及されており、これらを基本的構成要素とする中世的巡礼が、四世紀末には胚胎しつつあった。しかし前近代ヨーロッパ世界で、聖地巡礼が本格的に展開されるのは、治安の安定や都市・道路ネットワークの拡充など移動のための条件が整備され、イスラーム世界へ向けての対外膨張が顕著になる十二世紀以降のことである。

十字軍とサンティアゴ巡礼が本格化する十二世紀に、スペインは多くの外国人巡礼者を受容する一方で、地中海を渡りオリエントの聖地を目指す巡礼者を輩出した。ローマやイェルサレム、メッカ巡礼を実践したレオンの修道士の聖マルティン、ムワッヒド朝治下のグラナダ太守の書記官イブン・ジュバイル、トゥデラのユダヤ人ラビ（律法学者）のベンヤミンは、その好例である。次いで十五〜十六世紀には、コルドバの下級貴族ペロ・タフールとユダヤ人神秘主義者モーシェ・バゾーラ、グアダルーペ修道院の修道士ディエゴ・デ・メリダ、タリファ公がパレスティナ巡礼を果たしている。彼ら自身や同時代人が書き残した聖人伝や巡礼記、旅行記を手掛かりに、地中海を渡った中近世スペインの巡礼者を考察するのが、本章の目的である。

一　キリスト教、イスラーム、ユダヤ教の「共属意識」

ユダヤ教の改革派として成立したキリスト教。ユダヤ教とキリスト教の影響を受けたイスラーム。そしてトーラー（モーセ五書）を根幹に据えた最古の一神教であるユダヤ教。これら三つの一神教の接点となるのは、いわゆる『旧約聖書』である。

「嘆きの壁」と岩のドーム

三つの一神教においてアダムは始原の人類とされ、神との「契約」を交わしたユダヤの族長アブラハムは、共通の祖先とされる。ユダヤ教最大の預言者モーセは、アブラハムとサラの息子イサークの子孫であり、イエスもまたその系譜に連なる。イスラーム最大の預言者ムハンマドは、アブラハムと女奴隷ハガルの息子イシュマエルの子孫とされ、メッカのカアバ神殿は、アブラハムとイシュマエルにより建立されたのであった。しかもアダム、アブラハム、モーセは、神に命じられて「巡礼」を実践したとされる。共通の歴史認識と巡礼の記憶が、キリスト教、イスラーム、ユダヤ教という三つの一神教を繋ぐのである。「道であり、命である」とされたイエスも同様であり、イエスはイーサーとしてイスラームの預言者の一人に位置づけられる。アブラハム（アラビア語でイブラヒーム）、モーセ

（アラビア語でムーサー）についても、同じことが指摘できる（巻末の「三つの一神教の系譜」参照）。

こうした三つの一神教の「共属意識」と巡礼の記憶が、一種のシンクレティズム（習合現象）を引き起こす。アブラハムの墓所のあるとされた、イェルサレム南部ヘブロンのマクペラの洞窟には、キリスト教の教会とモスクがあり、中近世のキリスト教徒やムスリムのみならず、ユダヤ人もマクペラの洞窟に巡礼ないし参詣した。聖墳墓教会、岩のドーム、「嘆きの壁」を擁する聖地イェルサレムも同様であるし、中世前期のアンダルス（イスラーム・スペイン）でも、モスクを併設したファロのサンタ・マリア教会やウエルバのラ・ラビダ修道院――コロンブスと関係の深いフランチェスコ（フランシスコ）会修道院として知られる――のように、モサラベ（ムスリム支配下のキリスト教徒）とムワッラド（ムスリムに改宗したキリスト教徒）が、共に巡礼ないし参詣した聖地、聖所が確認される。西ゴート時代のサン・ビセンテ教会に起源をもつ、コルドバのグラン・モスクも同様で、一二三〇年にコルドバが再征服されると、カトリック教会に転用されたのであった。三つの一神教に付着した「共属意識」が民衆信仰を支え、民衆を主体とする類似の巡礼現象を生み出すのである。

二　俗から聖へ、聖から俗へ

文化人類学者のビクトール・ターナーによれば、カトリックの巡礼の主体は、奇跡による病気治癒や貧困からの脱却など、信仰の「外的表現」を求める民衆であった。

民衆を中心とする巡礼者は、脱俗儀礼によって世俗社会から一時的に切り離されて、「半俗半聖」の身分となる。その上で、巡礼者相互の兄弟愛と団結をもとに、水平性と同質性を特色とする「巡礼講（コフラディア）」のような、一時的「コミュニタス（共同体）」を組織する。ここでいう水平性と同質性は、社会・経済的格差を常態とする世俗社会からの離脱とほぼ同義である。巡礼講を組織した巡礼者が、来世での救済と奇跡による病気治癒などを願い、聖遺物に触れながら人類史の原点たる「失われた楽園」に回帰しようとした贖罪の旅が巡礼であり、それは「聖なる中心点」としての聖地において頂点に達する。聖遺物の横溢する「聖なる空間」の中で実践された「苦難の長旅」を通じて、巡礼者は回心し、再び世俗社会に回帰するのだ。したがって巡礼は、俗→聖→俗という回路を辿る回心のための通過儀礼であるとともに、聖地での神との直接的「交感」を求めた「外化された神秘主義」でもあった。

聖地巡礼

もとより巡礼は、単なる空間移動ではない。それは巡礼者が、現世利益や来世での救済を求め、あるいは奇跡を期待して、神、聖人（聖者、義人）、聖遺物ゆかりの聖地へ移動することを前提としている。出発地と目的地の合理的空間移動を基本とする旅と異なり、巡礼行にあっては、旅の苦難と内面的純化（癒し）が重視される所以でもある。空間移動である限り巡礼行も、世俗的要素（旅ないし観光の要素）を包摂せざるをえなかったとはいえ、それは同時に、神、聖人（聖者、義人）、聖遺物、聖地、奇跡といった宗教的要素とも不可分であった。原罪を背負った巡礼者であっても、聖地で奇跡により神との直接的「交感」が生ずるかもしれない。そうした内面的期待が、多くの巡礼者を聖地へと駆り立てたのだ。

三　奇跡は神ではなく、聖人（聖者、義人）に発す

民衆信仰の強い影響を受けたカトリック世界の巡礼者は、神への崇拝と聖人崇敬を区別すべきとした教会知識人の言説にもかかわらず、聖地に祀られた聖人や聖遺物を「崇拝」した。奇跡は神のみに淵源し、聖人はそれを執り成す仲介者にすぎないとの教会知識人の言説が、中近世の民衆の内面を捉えることはなかった。民衆からすれば奇跡は神そのものよりも、民衆が直接救いを求めた聖人に発すると観念されたのである。

それに類似した心性は、ひとり民衆層のみならず、封建制社会の俗人支配層にも共有されていた。だからこそ教会知識人と教会当局は、「多神教」にも繋がりかねない、行き過ぎた聖人「崇拝」に警鐘を鳴らし続け、時にはそれを異端として厳しく処断したのである。だがその一方で、聖人と聖遺物「崇拝」は、民衆教化と教勢拡大に不可欠の装置でもあった。こうした危うさを自覚しながら、教会当局は現実的政策として、聖人や聖遺物崇敬の承認に踏み切ったのである。聖人や聖遺物崇敬の容認は、これらに支えられた巡礼にも波及せざるを得ない。カトリック教会は巡礼を秘蹟に殉じた宗教的行為として認知したが、認知は同時に統制も意味した。

カトリック以上に厳格な一神教の立場をとるイスラーム世界では、神を崇拝するためのメッカ巡礼（ハッジ ḥajj）と、聖者廟への参詣（ズィヤーラ ziyāra）を区別したとされるが、最近、これへの批判が一部

のイスラーム研究者から提起されている。中世シリアの聖人（聖者）崇敬を扱ったユースフ・ワリード・メリによれば、預言者ムハンマドのサンダル（聖遺物）が、バラカ（神の恩寵）の源泉として、ムスリムの崇敬を集め、多くのムスリムが現世利益を求めて、近くの聖者の墓所に参詣したのである。広大な地域に拡散する多くのムスリムにとって、メッカ巡礼は容易ではなく、来世での救済や現世利益を求めて、身近な聖者の墓所に参詣するのは当然の選択であったろう。

　それはイランのシーア派参詣や、エジプトのカイロ近郊の「死者の街」（カラーファ地区）参詣においても確認される。十九世紀のイランを対象とした守川氏の研究によれば、シーア派ムスリムは初代イマームのアリーや第三代イマームのフサインを祀ったナジャフやカルバラーをはじめとする聖者廟に、永遠の救済と病気治癒などの現世利益を求めて参詣している。永遠の救済（霊的救済）と現世利益を求める巡礼者の心性に、宗教や宗派の差異、地域差や時代差は基本的に認められない。ナジャフやカルバラーにおける参詣者の余暇活動（観光行動）、聖地の「観光開発」についても、中世のサンティアゴ巡礼との親近性が顕著である。唯一大きな落差を感じるものがあるとすれば、参詣者が逝去した親族の霊的救済を願い、その遺骸を聖地に「移葬」する「死者の参詣」であろう。サンティアゴ巡礼者が、逝去した親族の霊的救済のために、サンティアゴ教会の主祭壇に蠟燭を奉納することはあっても、遺骸そのものを「参詣」させ、聖地に埋葬する

ムスリムの巡礼（15世紀）

慣習は、寡聞にして知らない。

大稔氏も、古代エジプト以来の伝統をもつ聖山ムカッタム山の裾野につくられた、カイロの「死者の街」を例に、類似の宗教現象を指摘している。中近世のエジプトにおいては、スルタンから民衆に至る多様な階層の人々が、被葬者の一周忌やラマダーン月明けの大祭時などに、個人的にあるいは「先達（シャイフ）」の下に講（タリーカ）を組織して、「死者の街」の聖人（聖者）の墓所に参詣した。女性や子供を含む参詣者は、墓前でコーラン（クルアーン）を読み聞かせ、花や香草、お香、蠟燭などを供え、様々な祈願を行った。祈願内容は病気治癒や貧困からの脱却、雨乞い、戦争勝利といった現世利益と死後の霊的救済であり、祈願成就の暁には「お礼参り」のため再度、墓所を訪れた。イスラーム神学によれば、参詣者の祈願を成就させるのは神であって、墓所の死者や聖者は「執り成し」にすぎない。こうした言説にも拘わらず、現世利益や霊的救済のため、墓に手を触れたり、墓土を薬として持ち帰る参詣者は少なくなかったのである。参詣者の中には、飲食物を携え、「死者との共食」別言すれば余暇（「観光」）を目的に、「死者の街」に赴く事例も検出される。ムスリムと東方キリスト教会の一派コプト教徒の巡礼ないし参詣を比較した時、聖遺物としてのイコン（聖画像）の比重に大きな落差が認められるにしても、巡礼システム総体としては、基本的な差異は認証できない。

それればかりかムスリム、キリスト教徒、ユダヤ人は共に、ダマスカスにあるムスリムの聖者の墓所に参詣し、自然崇拝と関連する岩や洞窟、泉すら崇敬の対象とした。これらが示すのは、巡礼と参詣、エリート文化と民衆文化の相互浸透であり、聖人（聖者）や聖遺物「崇拝」と聖人（聖者）や聖遺物「崇敬」との互換性である。しかもダマスカスのウマイヤ・モスクは、ローマのジュピター（ユピテル）神殿、ビザンツ時代のキリスト教教会の上に建立されており、異教の聖地との連続性（シンクレティズム）も顕著である。こうした連続性は、古代エジプト以来の聖域で、コプト教会の聖地でもあったカイロ近郊の「死者の街」にも妥当する。カトリック世界と異なりイスラーム世界では、巡礼と参詣が用語上区別されたにしても、それは主として宗教的エリートの言説であり、両者の区別が民衆の心性とどの程度共鳴していたかは、慎重に吟味されなければなるまい。

　同様の状況は、イェルサレム、ヘブロン、サフェド（ツファット）、ティベリアスを四大聖地とするユダヤ人の巡礼についても確認できる。現代のユダヤ人は巡礼（アリヤー）と参詣（ズィアーラ ziara）を区別するが、ズィアーラはアラビア語のズィヤーラからの借用であり、中近世のユダヤ人はカトリックと同様に、両者を区別する用語をもたなかった。

ユダヤ教の四大聖地

　もともとユダヤ人は仮庵祭、過越祭、七週祭の年三回、イェルサレム巡礼を義務づけられていた。女性を含むユダヤ人巡礼者は、『旧約聖書』の『詩編』に採録されている巡礼歌を口ずさみながら、各地からイェルサレムに参集し、清浄儀礼を経て「モリヤの丘」の神殿に参拝した。聖地イェルサレムには、巡礼者のための無料の施療院が設けられており、各地から集まったユダヤ人巡礼者は、施療院や個人の家――巡礼期間中、イェルサレムのユダヤ人はユダヤ人巡礼者を宿泊させた――を利用しつつ、宗教的義務を果たしたのである。

　しかし一～二世紀のユダヤ戦争によって第二神殿が破壊され、地中海各地へのディアスポラ（離散）を余儀なくされると、大多数のユダヤ人にとって

ユダヤ教の聖地サフェド

イェルサレム巡礼は、事実上不可能となった。十二世紀末にユダヤ人のイェルサレム巡礼が解禁され、巡礼者は再び増加し始めるが、イェルサレム巡礼を実践できたユダヤ人は、一部に限定されていた。

こうした中でイェルサレム巡礼は、宗教的義務から宗教的理想へと転じ、ユダヤ人の間に聖地イェルサレム巡礼の代替装置として、身近な預言者、義人の墓所への参詣が浸透してゆく。聖地イェルサレムに比較的近い、シリアやイラクのユダヤ人のみならず、パレスティナ在住のユダヤ人すら、病気治癒や危難回避、雨乞いなどの現世利益のため、近くの預言者エリヤやエゼキエル、ヘロデ王時代の義人ヒレルなどの墓廟に盛んに参詣したのである。

十五〜十六世紀のユダヤ人巡礼者も、イェルサレムの第二神殿跡の「西壁（嘆きの壁）」に加え、ヘブロン、サフェド、ティベリアスの族長、預言者、義人の墓廟を巡歴している。これらの中には、キリスト教徒とムスリムが巡礼ないし参詣する墓所も含まれており、巡礼と参詣の互換性、一神教と「多神教」の相互浸透、シンクレティズムはユダヤ人の巡礼にあっても、否定できないのである。

近世以降のサロニカ（テッサロニキ）のユダヤ人民衆は、病気治癒のため著名なユダヤ人ラビの墓所に参詣し、墓所の土や草を治療薬として持ち帰っている。近現代のユダヤ人にあっても、こうした事例が確認されるのであり、民衆信仰の根深さを改めて痛感せざるをえない。

ユースフ・ワリード・メリは、聖地か否かの最終的判断はエリートの言説のみではなく、民衆の合意も不可欠であるとし、民衆信仰と公的宗教の相互浸透を強調する。筆者もこの仮説を基本的に支持するが、中近世のカトリック世界では、教会による上からの統制も強く、地域や時代に応じて様々に変化する相互浸透の実態を、慎重に見極める必要があろう。こうした限界はあるものの、三つの一神教の親近性とシンクレティズム、巡礼と参詣の互換性を指摘したメリの仮説は、注目すべきである。中東の聖地を目指した中近世スペインの巡礼者の中にも、これらを看取することができる。

四　「三つの一神教」の巡礼者たち

レオンの聖マルティン――十二世紀のキリスト教徒巡礼者

十三世紀に書かれ、十六世紀に書写された聖人伝によれば、レオンの聖マルティン（？―一二〇三年）は、十二世紀前半にスペイン北部の巡礼路都市レオンの敬虔な貴族の家に生まれた。若くしてレオンのサン・マルセーロ修道院に入ったが、修道院改革のため、後に同市内のサン・イシドーロ修道院に移った。サン・マルセーロ修道院は、ディオクレティアヌス帝の迫害を受けて、三世紀末にこの地で殉教したローマ第七軍団の兵士、聖マルセーロを祀った修道院であり、サン・イシドーロ修道院は、西ゴート時代のセビーリャ大司教、聖イシドーロの遺骸が奉遷されたことで知られる名刹である。

聖マルティンは修道院では肉や魚をほとんど口にせず、祈りと瞑想に専心した禁欲的生活を送り、多くの人々に聖人として尊崇された。厳しい禁欲的生活のゆえに、聖イシドーロが聖書を持って彼の夢枕に現れ、そ

聖地ローマ

の聖書を食べてから聖書全般に通じ、ユダヤ人や異端者を次々と論駁したといわれる。医学にも精通し、レオン王やサンティアゴ大司教、民衆を含む多くの病人を奇跡によって治癒させたばかりか、レオン市がカスティーリャ軍によって包囲された際には、国王とレオン市民を鼓舞し、カスティーリャ軍の撤退を予言したのであった。こうした幻視、奇跡による病気治癒、異教徒論駁、戦勝予知能力は、他の聖人伝にも共通する類型的モティーフである。

レオンの聖マルティンは、青年時代に二度、巡礼行を実践している。第一回は東方世界への巡礼で、参入儀礼によって全てを貧民に与え、サンティアゴ教会やオビエド教会の聖遺物を訪ねた後、ローマ経由で聖地イェルサレムに入城する。アストゥーリアス王アルフォンソ二世（在位七九一―八四二年）の王宮の置かれたオビエドのサン・サルバドール教会は、レオン教会やブルゴス教会と並ぶ巡礼路都市の主要教会の一つであり、中世を通じ多くの巡礼者を引きつけた。聖地ローマでは裸足での教会参拝、週三日の断食に加え、サン・ピエトロ教会の祭壇前で一睡もせずに夜の勤行に勤めた。こうした禁欲的行為が認められ、聖マルティンはローマ教皇ウルバヌス三世（在位一一八五―八七年）から、特別の祝福を授けられる。

イタリアからは船で、十字軍時代の聖地イェルサレムに向かい、イエスゆかりの聖跡を経巡った。イェルサレムでも断食と祈りの禁欲生活を続け、その傍ら、施療院で巡礼者や病人の介護にあたった。次いでコンスタンティノープルに戻ったレオンの聖マルティンは、多くの聖遺物に接すると共に、絹織物の祭服を購入して帰国の途に就いた。

第二回の巡礼行では、フランスの聖ドニ、聖マルタン、聖ジル、イングランドの聖トマスなどの聖遺物を巡歴した後、ローマ北部の都市チヴィタヴェッキアに入った。そこでレオンの聖マルティンは、窃盗犯と間違われて投獄される。コンスタンティノープルで購入した絹織物が、原因であった。しかし聖人伝によれば、神は敬虔な聖マルティンを解放するため、天使を眉目秀麗な修道士の姿に変えて、彼のもとに遣わされたという。天使は囚われ人が、誠実な巡礼者にして聖人であることを都市役人に告げ、その奇跡によってレオンの聖マルティンは、釈放されたのであった。その直後、天使は「主はお前の行ったあらゆる（敬虔な）行為のゆえに、お前の解放者として私をお遣わしになったのだ」との言葉を残して、彼の前から忽然と姿を消した。

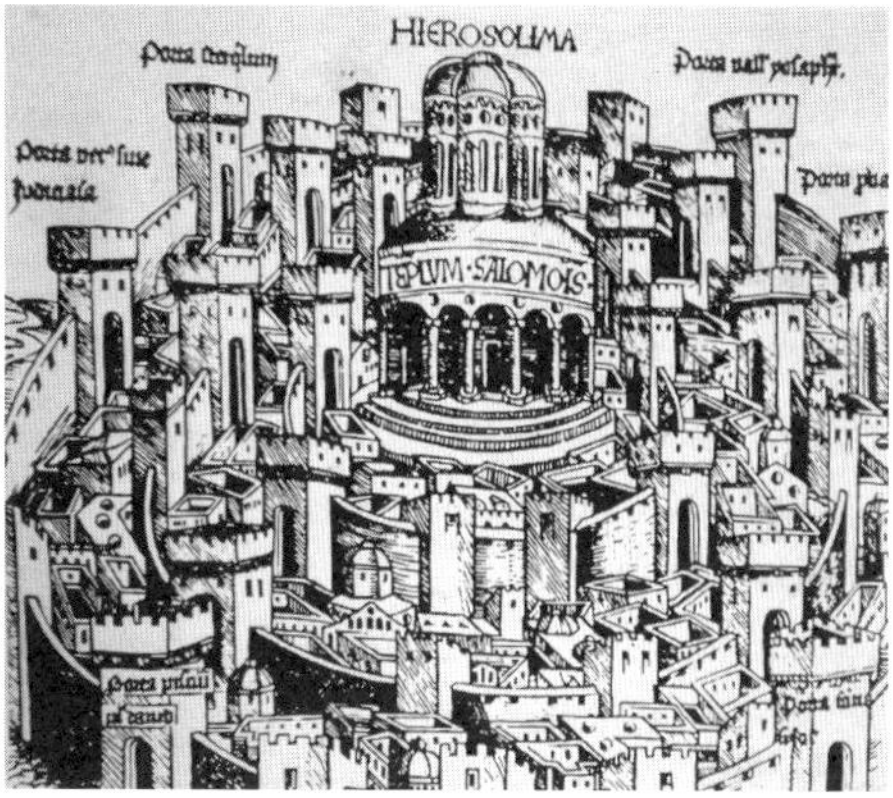

聖地イェルサレム

民衆教化を主要目的とし、民衆に聞かされることを意図して書かれた聖人伝には、当然ながら歴史的事実とフィクションが綯交ぜになっている。しかし歴史的事実から乖離しすぎた聖人伝は、民衆に受容されず、民衆教化という本来の目的を果たすことができない。書写され、伝来するレオンの聖マルティン伝の中には、中世スペイン民衆の願望が、様々な形で投影されているとみるべきであろう。

いうまでもなく十二世紀は十字軍の時代であり、スペイン人を含む多くのキリスト教徒が、聖地サンティアゴやローマ、イェルサレムへの巡礼行を実践した。十字軍そのものが一種の「巡礼（武装巡礼）」――当時の十字軍の史料用語は peregrinatio ――であり、アラゴン王アルフォンソ一世（在位一一〇四―三四年）のように、イェルサレム巡礼を希求するスペイン人も少なくなかった。アルフォンソ一世はイェルサレム奪回のため、王国全土をテンプル騎士修道会に遺贈した国王としても知られる。十二世紀に書かれたローマ巡礼の案内書『都市ローマの驚異』や、後述する『サンティアゴ巡礼案内』は、聖地巡礼への関心の高まりを裏書きするものである。こうした中にあって、レオンの聖マルティンによる三大聖地巡礼は、リアリティーを持ち、困難ではあっても実現可能な長旅と映ったに違いない。

聖人伝の中に含まれる幻視、奇跡、聖人と聖遺物崇敬にも注目すべきである。神を敬愛し、厳しい禁欲生活を実践するレオンの聖マルティンは、それ故にこそ神の恩寵を受け、聖人に相応しい奇跡顕現能力を獲得することができた。幻視の中での聖イシドーロとの対話、奇跡的な病気治癒や戦勝予知能力はこれを示すものである。三大聖地への巡礼行完遂も、神の恩寵の表明であった。奇跡は聖人に不可欠の神的能力とされ、「日常的に生じなければならなかった」からである。天使の介在による危難回避も重要であり、封建制社会を生きた民衆にとって、それは社会的不正の是正、失われた正義の回復を意味した。

この聖人伝の中に、奇跡、聖人、聖遺物といった聖地巡礼に不可欠の構成要素が表出されていることは、中世スペイン民衆の願望を考える上で示唆的である。聖人伝だけに「観光」の側面はほとんど記述されないが、絹織物の祭服を土産物とみることも不可能ではあるまい。

イブン・ジュバイル――十二世紀のムスリム巡礼者

イブン・ジュバイル（一一四五―一二一七年）は、バレンシア生まれの敬虔なムスリムで、イスラーム諸学を学んだ後、ムワッヒド朝のグラナダ太守の書記官となった。

一一八三年、友人の医者と連れ立ってグラナダからメッカ巡礼に出発し、モロッコ北部の港町セウタでアレクサンドリアへ向かうジェノヴァ船に搭乗する。ジェノヴァ船の利用は、地中海におけるジェノヴァの商業ネットワークの拡充と不可分であった。

グラナダのアルハンブラ宮殿

サルデーニャ島、アレクサンドリアを経由してアイユーブ朝の首都カイロに達し、紅海沿岸の港町アイザーブ、ジェッダを経て、念願の聖地メッカに入った。八か月間メッカに滞在したイブン・ジュバイルは、ムスリム最大の聖地についての詳細な記述を残している。と同時にイフラーム（巡礼用の白衣）を身に纏い、ハッジ（大巡礼）とウムラ（小巡礼）を実践して、ムスリムとしての宗教的義務を果したのであった。ハッジは巡礼月に行われるメッカ巡礼を指し、タワーフ（カアバ神殿の中庭を七周する行）、サアイ（カアバ神殿近くの小高い丘の間を七往復する行）、アラファートの丘での立礼、ミナーの谷での投石と動物犠牲祭といった一連の宗教儀礼から構成されている。ウムラは巡礼月以外のメッカ巡礼を意味し、アラファートの丘やミナーの谷での儀礼が省略される。
メッカからは巡礼団に加わって、預言者ムハンマドの墓廟のある聖地メディナへ向かい、ネフド砂漠を越えて、バグダード

アルハンブラ宮殿（ライオンの中庭）

に入った。バグダードからはチグリス川沿いにニネベへと北上し、アレッポを経て、パレスティナ北部の港町アッカ（アッコン）で再びジェノヴァ船に搭乗した。アッカから三日の距離にある聖地イェルサレムへの巡礼を断念したのは、アイユーブ朝によるイェルサレム包囲という混乱に巻き込まれるのを嫌ったためであろう。ジェノヴァ船には、イブン・ジュバイルをはじめ五十人のムスリム巡礼者と、多数のキリスト教徒のイェルサレム巡礼者が乗り合わせ、途中、海難事故にも遭遇したが、一一八五年、二年以上に及ぶ巡礼行を終えて、無事グラナダに帰着することができた。

イブン・ジュバイルの『旅行記』は、実際の巡礼行に裏打ちされた体験記であり、レオンの聖マルティンには見られない臨場感がある。彼が訪れた様々な都市や地域、ハッジとウムラについての克明な記録が残され、聖者や聖遺物崇敬、シンクレティズム、巡礼者のための慈善、巡礼講のほか、旅の危険を探る上で貴重な情報を提供してくれる。記述の中心を占めるのは、聖地メッカとそこでの宗教儀礼であるが、聖者崇敬や聖遺物崇敬にも大きな関心を寄せている。

カイロのフサイン・モスクには、ファーティマ朝第四代カリフ、ムイッズの息子フサインの遺骸が祀られており、多くのムスリムが現世利益を求めてその墓廟に殺到し、墓廟に接吻したのであった。メッカのカアバ神殿の黒石やザムザムの泉（聖泉）も、視力回復や疲労回復に効験があるとされ、それに接触しよ

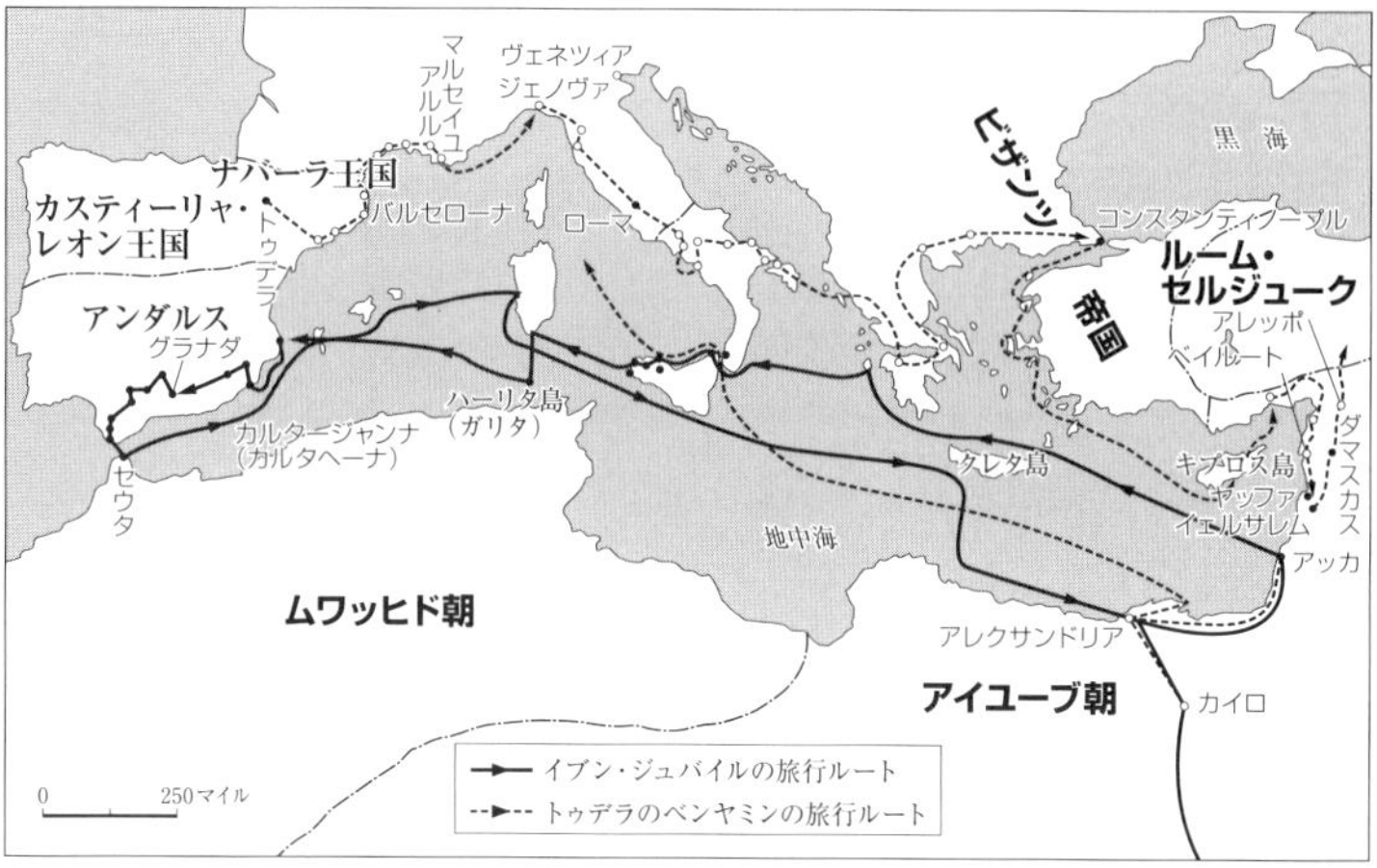

イブン・ジュバイルとトゥデラのベンヤミンの旅程（一部）

うとする多くの巡礼者で混雑していた。ダマスカスの預言者一族や教友の墓廟も、現世利益を求める人々が絶えなかったし、メディナの預言者モスクでは、ムスリムがご利益を求めて、石柱に接吻したと記されている。

このようにムスリムにあっても、神への祈りと民衆信仰（現世利益）の表明ともいうべき聖者・聖遺物崇敬が併存しているのである。イブン・ジュバイルの聖地巡礼は、ある意味でメッカ巡礼を中心に組み立てられた、聖者・聖遺物崇敬の旅といってよい。聖者の遺骸、黒石、聖泉が崇敬の対象になったことは、カトリックの巡礼との親近性を想起させる。

聖者・聖遺物崇敬と密接に関わる奇跡譚やシンクレティズムについても、幾つかの言及が見られる。メッカの造幣所に向かい合う壁石は、預言者ムハンマドが通ると彼に会釈し、ムハンマドが教友のアブー・バクルを訪ねた折には、「おお、神の使徒よ、アブー・バクルは留守である」と語りかけたという。メディナ近郊のアリースの井戸も、預言者ムハンマドの奇跡譚を伝える。「この井戸は預言者が唾を吐き、それがために、塩辛かった水が、真水になった井戸」だからだ。

奇跡を執り成すのは、預言者ムハンマドだけではない。カイロには「奇跡で名を成した聖者たちの廟」があるし、ダマスカスのモスクに祀られた預言者ムーサーの墓も、霊験あらたかとされる。このムーサーとは、「出エジプト」で有名なユダヤ教の預言者モーセに他ならず、シンクレティズムも明白である。メッカは預言者ムハンマドゆかりの聖地であると同時に、「神の友」でユダヤ教の族長アブラハム（イブラヒーム）が祈り、大天使「ガブリエルが降り給うた最初の地」とされるからだ。しかもメッカのカアバ神殿近くには、アブラハムの息子イシュマエルの墓があり、ダマスカス郊外にはアブラハム、モーセに加え、イエス（イーサー）――ムスリムにとってイエスは、預言者の一人――を祀ったモスクすら存在する。

巡礼者のための慈善や巡礼講、旅の危険にも目が向けられる。イブン・ジュバイルは、メッカからバグダードまでの旅の安全に配慮して、イラク人の巡礼団に加わった。女性を含む多数の巡礼者から構成されるこの巡礼団は、巡礼団長（先達）の指揮下に整然と行動した。慈善活動に関しては、外国人巡礼者へのパンの支給、巡礼者のための橋の建設――当時、橋の建設は重要な慈善行為とされた――の事例が報告されている。そればかりかダマスカスでは、ムスリム民衆が現世利益を求めて、巡礼者に金銭や食料を与え、巡礼者の体を撫でまわすのであった。帰郷したサンティアゴ巡礼者の場合も同様であり、巡礼行によって「聖なる中心点」に接した巡礼者にタッチし、現世利益を得ようとする行為は、キリスト教世界でも確認される民衆信仰の一つである。

旅の危険についていえば、紅海沿岸の住民による略奪行為、バグダードの住民による度量衡違反（量目、貨幣の交換比率の詐取）や法外な支払い請求に言及している。

灯台やピラミッドなどの名所・旧跡（「観光資源」）、宿屋の様子、船旅での注意事項も伝えており、イブン・ジュバイルの『旅行記』は、当時にあって第一級の巡礼案内である。巡礼行が信仰の旅であったにしても、それは宿泊施設や巡礼講、慈善活動といった移動のための人的・物的条件なしには実現できず、また旅の疲れを癒す「観光資源」も必要であり、これらへの言及は当然であろう。ムスリムの巡礼行も、聖と俗、信仰と「観光」の二つの側面を併せ持たざるをえなかったのである。

トゥデラのベンヤミン――十二世紀のユダヤ人巡礼者

トゥデラのベンヤミン（一一三〇頃―八〇年頃）は、中世初期にキリスト教を受容した、ピレネー山麓ナバーラ王国のユダヤ人である。同王国最大のユダヤ人街を持つエブロ川中流域の都市トゥデラのラビで、トーラー（モーセ五書）やハラハー（ユダヤ法）、歴史に精通し、ヘブライ語やラテン語、ギリシア語に堪能な知識人であった。

マクペラの洞窟

商業の世界にも通じていたベンヤミンは、商用を兼ねて十字軍時代の一一六五年頃、トゥデラを出発した。近隣諸国との争いに敗れ、内陸部に閉じ込められていたナバーラ王国にとって、トゥデラはエブロ川を通じ、地中海へ繋がる唯一の河川港であった。

ムワッヒド朝による反ユダヤ運動が激化する中で、十二世紀後半のスペインのユダヤ人は、終末論やメシア思想に傾斜し、イェルサレム巡礼への関心を強めた。聖地を訪れた族長や預言者、義人の前で祈る巡礼者は、ユダヤ人の救済を願う者とさ

南インドの都市コーチンのシナゴーグ

れ、それが十字軍国家によるユダヤ人誘致政策、オリエント貿易の拡大と相まって、ユダヤ人の巡礼者を増加させた。トゥデラのベンヤミンは、こうした時代背景の中でイェルサレム巡礼を実践したのであり、彼の『旅行の書』は巡礼案内としての性格も兼ね備えていた。

　トゥデラのベンヤミンはエブロ川を下り、バルセローナ、南フランスのサン・ジル、アルル、マルセイユ経由でジェノヴァに入った。ジェノヴァからはローマ、コンスタンティノープル、ベイルートなどを経由して、聖地イェルサレムに入城した。彼の『旅行の書』によれば、サンティアゴ巡礼路都市サン・ジルは「世界中から巡礼者を集める異教徒（キリスト教徒）の聖地」であり、ローマの聖ヨハネ教会には、イェルサレムの第二神殿から運ばれたソロモン王の銅柱がある。

　イェルサレムではユダヤ人の聖地であった神殿の丘の「嘆きの壁（西壁）」はもとより、岩のドームやダヴィデ王、ソロモン王の墓所とされるシオン山を訪れている。多くのキリスト教徒の集まる聖墳墓教会やシオン山の聖母マリア教会、イェルサレム南方の聖地ヘブロンのマクペラの洞窟の様子も伝えており、三つの一神教のシンクレティズムを再確認することができる。イェルサレムから彼は、ダマスカス、アレッポなどを経由して、約四万人の同胞の居住するバグダードに至り、「バビロン捕囚」の旧跡にも立ち寄っている。

　バグダードやペルシア湾岸に滞在する過程で、ベンヤミンは香辛料の主産地であるインド西海岸（マラバール海岸）や中国の北宋、ユダヤの「失われた十部族」に関する情報も収集している。『旅行の書』が記すところによれば、マラバール海岸は胡椒やジンジャーなどの香辛料とサトウキビの栽培が盛んであり、「黒いユダヤ人」が定住する都市コーチンは、同海岸南部にある。中国の氷結した嵐の海には、巨大な鷲グリフィンが生息しており、難破船の船員はグリフィンの補食習性を利用して、その足にぶら下がり、一命を取り留めることができるという。

胡椒を収穫するマラバール海岸のインド人

ユダヤの「失われた十部族」とは、前八世紀にアッシリアによって、帝国各地に強制移住させられ、歴史の闇に消えたユダヤ人を指す。その末裔がニシャプール近郊の山中を拠点に、トルコ人と結んで独立王国を形成している。「失われた十部族」の発見は、終末の予兆とされるだけに、トゥデラのベンヤミンはそれに重大な関心を示した。同時に彼は、ユダヤ人を結集してペルシア王の支配を脱し、イェルサレムを異教徒の手から解放しようとしたユダヤ人の偽メシア、ダヴィド・エル・ロイ事件の顛末を伝えている。ダヴィド・エル・ロイのメシア僭称が、終末論と密接に関わっていることは言を俟たない。

帰路、ベンヤミンはカイロ、アレクサンドリア、ローマ、東欧経由でパリに至り、一一七三年にトゥデラに帰着している。『旅行の書』は奇跡、族長、預言者、聖遺物も記録する。イェルサレム大司教が石工を派遣して、シオン山のダヴィデやソロモン王の墓石を切り出そうとしたところ、石工は強風のために気を失った。「起き上がり、この地を去れ」との声が聞こえ、イェルサレム大司教は墓石の破壊を断念した。バグダード近郊の預言者エゼキエルの墓廟では、バビロン捕囚以来、一度として蠟燭の火が消えたことはなく、ここにはユダヤ人のみならずムスリムも参詣に訪れる。ヘブロンではシナゴーグ（ユダヤ教会）の跡地に、アブラハムを祀ったカトリック教会が建立され、キリスト教徒とユダヤ人巡礼者が巡歴している。

ここに見るように、トゥデラのベンヤミンは族長や預言者の祀られているユダヤ教の様々な聖地、聖所を経巡り、幾つかの奇跡を書き留めている。そればかりかキリスト教徒、ムスリム、ユダヤ人が共に訪れる聖地にも触れ、シンクレティズムを当然視しているのである。

トゥデラのベンヤミンは船とラバを使って、約八年に及ぶ長旅を完遂している。単独の移動か巡礼講に加わったかは不明だが、旅の危険やユダヤ人への差別・偏見を考えると、後者の可能性が高い。地中海とイスラーム世界の主要都市にはユダヤ人街があり、トゥデラのベンヤミンは、こうしたユダヤ人のネットワークを利用して移動した。主要なユダヤ人街には巡礼者のための施療院が設けられていたし、ラビであったことからトゥデラのベンヤミンは、各地のユダヤ人に歓待されたに違いない。「観光」への関心も垣間見られ、コンスタンティノープルではビザンツ皇帝の臨席下に、ライオン、ヒョウ、熊などの野生動物による闘技が開催されたと伝えている。

ペロ・タフール──中世末期のキリスト教徒巡礼者

セビーリャの下級貴族ペロ・タフール（一四〇五頃─八〇年頃）は、都市寡頭支配層の一翼を担った名門タフール家の出身で、好奇心旺盛な青年時代を中世末期のカスティーリャを代表する国際商業都市セビーリャで過ごした。

中世末期のセビーリャには多くのジェノヴァ商人が定住しており、ペロ・タフールは彼らを介して、オリエント世界についての様々な情報を入手した。ペロ・タフールの義父は、十五世紀初頭にカスティーリャ王エンリケ三世（在位一三九〇―一四〇六年）が、ティムール帝国の首都サマルカンドに派遣したクラビホ使節団の一員であった。彼がオリエント世界への憧憬を募らせたのも、けだし当然であろう。

ペロ・タフールは当初、旅行記を書くつもりはなく、従って備忘録も残していない。彼が旅行記の記述を思い立ったのは、帰国後約十五年を経過した、コンスタンティノープル陥落の渦中においてであった。ビザンツ帝国の首都陥落を誘因とする終末論と十字軍意識の高まりの中で、記憶だけを頼りにいわば自叙伝として書かれたのが、『あるスペイン人下級貴族の冒険旅行記』である。自叙伝風の旅行記であることから、誇張や捏造、虚実を綯交ぜにしたものとなっているが、ローマとオリエント世界の聖地、聖人、聖遺物、奇跡に大きな関心を払っており、巡礼記の感もある。中近世にあって旅行記と巡礼記のジャンル分けが、学問的有効性を欠く所以でもある。

敬虔なカトリックのペロ・タフールが、旅行の目的として最も重視したのは、騎士としての徳（騎士道精神）の涵養、都市支配層としての適格性の証明であった。真の騎士（貴族）と

聖女ヴェロニカの聖顔布

ヤッファの町並み

は、先人の偉業に倣って異境の地での試練に耐えることのできた騎士をさし、そうした騎士こそが支配者に相応しいのだ。騎士（貴族）は名誉と宗教的義務を重んじなければならず、敬虔なキリスト教徒でなければならなかった。だからこそペロ・タフールは、ローマ巡礼やパレスティナ巡礼を旅行の主要目的とし、各地の教会や聖遺物を巡拝するのである。セビーリャの都市寡頭支配層、敬虔な下級貴族にして騎士であったペロ・タフールにとって、イタリアとオリエント旅行は単なる好奇心の発露ではなく、下級貴族としての権力維持、その正当化という現実的目的も併せ持っていたのである。

　ジェノヴァで為替手形を決済し、ボローニャでイェルサレム巡礼の赦しを与えられたペロ・タフールは、イェルサレム巡礼に先立ち、まずローマ巡礼を実践した。聖地ローマではサン・ピエトロ教会、サン・パオロ教会、サンタ・クローチェ教会などを巡拝し、そこに安置されている崇高で霊験あらたかな聖遺物について詳細に記述している。聖ペテロ、聖パウロの遺骸、聖女ヴェロニカの聖顔布、聖母マリアが聖ルカにつくらせたイエス像、コンスタンティヌス一世の母后ヘレナがパレスティナから取り寄せた種々の聖遺物がそれである。わけても多くの巡礼者の内面を捉えたのは、十字架を担いで「ゴルゴタの丘（カルヴァリオ山）」へ向かう、イエスの顔を拭ったとされる聖顔布であった。

十五世紀前半のローマでは、三十三年ごとに聖年（ユビレウス）が設定されており、この年にローマを訪れた巡礼者には、全贖宥（全面的な罪の赦し）が与えられた。聖年にサン・ピエトロ教会の聖顔布を拝観しようとする巡礼者は膨大な数に上り、雑踏の中で圧死者も出るほどであった。奇跡の源泉となる多数の聖遺物を擁する聖地ローマから、ペロ・タフールはアッシジへ向かい、聖フランチェスコゆかりの修道院に宿泊した後、オリエント旅行の起点都市ヴェネツィアに入った。中世末期にはヴェネツィアとパレスティナの間に、ガレー船による定期航路が開かれていたのである。通常の往復運賃は三十五ドゥカードであった。

ヨルダン川

ペロ・タフールは一四三七年、イェルサレム巡礼団の一員としてヴェネツィアを出発し、ヴェネツィア領のクレタ島などを経由して、パレスティナの海港都市ヤッファに上陸した。ヤッファで巡礼団は、イェルサレムのシオン山のフランチェスコ会修道院から派遣された、数名の修道士の出迎えを受けた。これらの修道士は、マムルーク朝スルタンの許可を得て、所定の巡拝ルートを経巡るイェルサレム巡礼者を案内する、「現地ガイド」でもあった。ペロ・タフールは彼らの助言により、パレスティナでの主要な移動手段となるラバをムスリム運送業者から賃借した。

フランチェスコ会士に伴われてイェルサレムに入城すると、

現地のキリスト教徒の歓迎を受け、シオン山のフランチェスコ会修道院に宿泊した。翌日、「ゴルゴタの丘（カルヴァリオ山）」に建つ聖墳墓教会でミサに与り、オリーブ山を始めとするイエスや聖母マリアゆかりの聖所、聖ペテロや聖ヤコブの家、ダヴィデ王の城塞などを訪れ、多くの聖遺物に接したのであった。ペロ・タフールはイェルサレム近郊にあるイエス生誕の聖地ベツレヘム、ヨルダン川、死海、族長アブラハムの墓所のあるヘブロンも巡歴し、ヨルダン川では巡礼者全員がイエスに倣って沐浴した。所定の巡拝コースが設定されていること、ユダヤ人の聖地とのシンクレティズムは、注目してよい。

オリエント世界は奇跡（ミラクルム）と「驚異（ミラビリア）」に満ちた聖書的言説の世界とされ、そこでは様々な奇跡と「驚異」が目撃された。ペロ・タフールもそれらを目のあたりにし、あるいは耳にして記述する。一般に奇跡は、敬虔なキリスト教徒への神からの恩寵とされ、異教徒の間でも生ずる「驚異」と区別される。だが両者の境界は曖昧であり、多くの場合に「驚異」を奇跡と読み替えることも可能である。

通訳を伴いエジプトに入ったペロ・タフールにとって、「地上の楽園」に水源をもつナイル川は「驚異」の一つであった。「この川（ナイル川）の水は、これまで私が体験してきたなかで最高の水である。それはまるで天国の水のようだ」。カイロ滞在中にペロ・タフールが、ナイル川の水しか口にしなかったのは、それが「地上の楽園」に発する聖水だったからである。当時、「ヨセフの穀倉」と呼ばれたピラミッドも「驚異」であり、これほど巨大な建造物は世界に類がないと感嘆の声を上げる。

イェルサレムにあってもペロ・タフールは、「驚異」を体験した。イェルサレムは世界の中心にして、イエスや聖母マリア、諸聖人ゆかりの聖遺物の横溢する聖地であり、「驚異」が生じなければならないからだ。塩分濃度が高く、魚一匹生息できないはずの死海の中央部には、飲料に適した淡水域が存在する。ペロ・タフールはこの中に、「大いなる驚異」を看取するのである。

『あるスペイン人下級貴族の冒険旅行記』には、「観光」の側面も顕著だ。クレタ島滞在中にペロ・タフールは、古代ギリシアの英雄アガメムノンの旧跡を訪れている。カイロではワニ、キリン、象に多大な関心を寄せているし、「現地ガイド」付のイェルサレム巡礼団による巡礼行そのものが、今日の「団体旅行」を想起させる。

近世初期ユダヤ神秘主義者の聖地巡礼

一四九二年のユダヤ人追放令により、七万～十万人のスペインのユダヤ人（セファルディーム）がスペインを追われ、ポルトガル諸都市やフェズ、アルジェ、チュニス、イスタンブルといったイスラーム諸都市に定住した。セファルディームとは、スペインを意味するヘブライ語スファラードに由来し、スペインを中心にイスラーム世界を含む地中海各地に定住したユダヤ人をさす。

15世紀のコンスタンティノープル

「第二のディアスポラ」ともいうべきユダヤ人追放は、中世末期～近世のユダヤ人に大きな衝撃を与え、宗教改革やオスマン帝国によるパレスティナ支配と共に、ユダヤ人の終末論やメシア思想をいっそう刺激した。十五世紀末～十六世紀前半が、コンスタンティノープル陥落から五十年～百年に相当することにも注目すべきである。オスマン帝国によるコンスタンティノープル攻略は、第二神殿を破壊したローマ帝国の滅亡を意味しており、それはユダヤ人追放や宗教改革によるキリスト教世界の分裂と共に、終末、従ってイェルサレムにおけるメシア到来の予兆とされた。

この時期にスペインからパレスティナに渡ったユダヤ神秘主義者（カバリスト）としては、終末を強く意識していたイェルサレムのユダヤ人共同体代表アブラハム・ハーレヴィや、ガリラヤ湖北岸の都市サフェドのユダヤ人共同体議長で、『整えられた食卓』の著者ヨセフ・カロがよく知られている。だが彼らは残念ながら、旅行記や巡礼記を残していない。そこで北イタリアのラビで、セファルディームと目されるモーシェ・バゾーラ（一四八〇頃―一五六〇年）の『パレスティナ巡礼記』を手掛かりに、ユダヤ人神秘主義者による聖地巡礼の一端を再現したい。

ユダヤ人追放という精神的トラウマを引きずった十六世紀のユダヤ人にとって、終末論とメシア思想はユダヤ人共同体の再生に不可欠であった。メシア到来は終末とユダヤ人救済の前提であり、メシアが到来するとすれば、それは「約束の地」パレスティナ以外にはありえなかった。こうした中で神秘主義者を含む多数のユダヤ人が、メシアを期待して聖地巡礼を果たし、パレスティナに定住した。とりわけ多くのユダヤ人を引きつけたのが、メシア到来の地とされたパレスティナ北部、ガリラヤ湖北方の都市サフェドであった。十六世紀後半のサフェドでは、ユダヤ人が都市人口の約半数を占め、ユダヤ神秘主義者を中心に自治権をもつユダヤ人共同体が組織されて、多数のシナゴーグや施療院、イェシヴァ（ユダヤ人の高等教育機関）が維持された。このサフェドはダヴィド・ハーレウヴェニ（一四九〇―一五三八年）がメシアを僭称し、アブラハム・ハーレヴィがメシア到来を予言した地でもあった。

ダヴィド・ハーレウヴェニは、エチオピアもしくはアジア出身とされるムスリムの戦争捕虜奴隷である。同胞ユダヤ人により解放された後、サフェドへ赴き、ユダヤの「失われた十部族」の一つレウヴェニ族の王弟、ユダヤ人を異教徒の支配から解放するメシアを称した。メシア到来のニュースはヨーロッパの宮廷にも伝えられ、ダヴィド・ハーレウヴェニは、ローマ教皇クレメンス七世（在位一五二三―三四年）やポルトガル王ジョアン三世（在位一五二一―五七年）への拝謁を許される。

国際政治の寵児となったダヴィド・ハーレウヴェニが提唱したのが、レウヴェニ族との提携によるオスマン帝国の挟撃であった。ダヴィド・ハーレウヴェニは同様の提案を携えてスペイン王カルロス一世（在位一五一六―五六年）へも接触を図る。しかしカルロス一世はこれをはねつけ、コンベルソ（改宗ユダヤ人）をユダヤ教に再改宗させた罪で、彼を獄死させた。ダヴィド・ハーレウヴェニのメシア僭称は、ユダヤ神秘主義者を含む十六世紀のユダヤ人に大きな衝撃を与えた。

騎乗するカルロス１世

ユダヤ神秘主義者のラビで晩年サフェドに移住したモーシェ・バゾーラは、一五二一～二三年にパレスティナ巡礼を実践し、『パレスティナ旅行記』を書き残している。その序文で彼は、火星と金星、木星が同一の軌道に入る一五二九年まで戦争と混乱の時代が続くが、やがてユダヤ人救済の機運が高まり、メシアが到来するであろうと言明している。同書巻末でも、「十部族来る」とのアッシリア語の書付をくわえた鳩に言及しており、モーシェ・バゾーラが終末とメシア到来を強く意識しつつ、四大聖地を巡歴したことは間違いあるまい。

一五二一年にヴェネツィアを出帆したモーシェ・バゾーラは、レバノン北部の都市トリポリ（タラーブルス）に上陸した後、二人のユダヤ人講仲間とともに、ラクダで聖地サフェドへ

終末

向かった。サフェドが最初の巡礼地に選ばれたことは、十六世紀のユダヤ人神秘主義者にとってサフェドが、イェルサレムと同等あるいはそれ以上の重要性を有したことを意味する。サフェドへの巡礼行の途中で彼はラクダから落ち、胸を強打して講仲間に見捨てられる。彼を救ったのはユダヤ人ではなく、皮肉にもムスリムであった。兄弟愛と相互扶助に支えられたはずの巡礼行の現実を、垣間見させるエピソードである。

聖地サフェドでモーシェ・バゾーラは、ローマ時代の義人イェフダ・バール・イライ、ヒレル、アッバ・ハラフタなどの墓廟に参拝し、奇跡譚を書き留める。あるムスリム女性がアーモンドの木から落下して怪我をしたが、イェフダ・バール・イライの墓廟に金のブレスレットを奉納し、オリーブの木を植えたところ快癒した。ヒレルは雨乞い祈願に霊験あらたかな義人で、好ましからざる女性がこの洞窟に入ると、手にした蠟燭の火が消える。アッバ・ハラフタは水利権訴訟に敗れたユダヤ人の夢枕に現れ、最終的にそのユダヤ人を勝訴に導いた。ローマ時代の義人シモン・バール・ヨハイの墓廟にも、終末の予兆を確認すべく多数のユダヤ人が参拝したとの記述がみられ、義人、墓廟（聖遺物）、奇跡への強い関心が窺われる。ムスリム女性の怪我快癒も、シンクレティズムを想起させる。

サフェドを発ったモーシェ・バゾーラは、清浄儀礼を行った上で聖地イェルサレムに入り、ユダヤ人ガイドの案内で、預言者ゼカリアやダヴィデ王の墓所とされるオリーブ山、さらにシオン山を訪ね、神殿の丘の前で神への祈りを捧げた。ヘブロンにも足を延ばし、族長アブラハムを祀ったマクペラの洞窟に参拝した。マクペラの洞窟の上にはモスクがあり、シンクレティズムが再確認される。

ガリラヤ湖西岸の聖地ティベリアスでは、中世最大のユダヤ人哲学者マイモニデス（一一三五―一二〇四）の墓廟を訪れるとともに、多くのユダヤ人参拝者を集めるローマ時代の義人メイールの奇跡譚を伝えている。周知のようにマイモニデスは、コルドバ生まれのユダヤ人哲学者で、ムワッヒド朝の迫害を受け、パレスティナ各地を転々とした後、アイユーブ朝の首都カイロに居を定めた。理性と信仰の調和を説いた『迷える者の手引書』は、マイモニデスの代表作としてあまりにも有名である。遺言により彼の遺骸は、ティベリアスに埋葬された。メイールはメシア到来まで着座しないことを誓い、立ったまま埋葬された義人として知られ、病気治癒、危難回避、子授けに効験があるとされた。ティベリアスは、十六世紀後半にイスタンブルに亡命したポルトガル系マラーノ（偽装改宗者）のヨセフ・ナシが、ヨーロッパを追われた多数のユダヤ人を入植させ、慈善活動を展開した地でもある。

ティベリアス

ユダヤ人ネットワークを使って四大聖地を巡歴したモーシェ・バゾーラは、神秘主義者とはいえ俗事にも関心を示し、

聖墳墓教会

様々な都市の経済活動やユダヤ人街の様子、貨幣の交換比率などに言及している。現実の巡礼行は、これらへの配慮なしに達成できなかったからである。

『パレスティナ巡礼記』の巻末には、巡礼者が訪ねるべき聖地とパレスティナの地図、祀られている族長、預言者、義人一覧が収載されている。そこには船旅での心得——船員へのチップ、飲料水の確保、安全なヴェネツィア船を利用すべきことなど——も記されており、同書もまた巡礼案内としての性格を備えていた。健康増進に役立つティベリアスの温泉（観光資源）、イェルサレムでのユダヤ人ガイドの雇用からは、「観光」への関心も窺われる。

五　近世初期キリスト教徒の聖地巡礼

十六世紀のスペイン人支配層は、法と正義、カトリシズムに基づく「普遍帝国（スペイン帝国）」の樹立を、自らに課せられた神的使命と観念していた。このスペイン帝国が構築された十五世紀末～十六世紀前半は、前述したようにコンスタンティノープル陥落から五十年～百年後にあたり、キリスト教徒の間でも終末論やメシア思想、十字軍思想が台頭した時代であった。こうした中でカトリック両王（カスティーリャ女王イサベル一世とアラゴン王フェルナンド二世）は、聖墳墓教会のあるイェルサレム奪還に強い関心を示し、一五一〇年フェルナンド二世は、教皇ユリウス二世からイェルサレム王の称号を認知された。フェルナンド二世によるマグリブ地方のメリーリャ、オラン攻略、神聖ローマ皇帝を兼ねたカルロス一世（カール五世）によるアルジェ、チュニス遠征は、イェルサレム奪還の一環であり、終末論やメシア思想、十字軍思想とも密接に関わっていた。

終末論やメシア思想、十字軍思想に加え、人文主義思想も浸透した十六世紀初頭に、パレスティナ巡礼を実践したキリスト教徒のスペイン人としては、グアダルーペ修道院の修道士ディエゴ・デ・メリダと初代タリファ公ファドリケ・エンリーケス・デ・リベーラがよく知られている。この二人の巡礼記を手掛かりに、当時のパレスティナ巡礼の実態を検証したい。

グアダルーペ修道院

ディエゴ・デ・メリダ

ディエゴ・デ・メリダは、エストレマドゥーラ地方の名刹で、ヒエロニムス会に属するグアダルーペ修道院の修道士であった。「黒いマリア像」を祀ったグアダルーペ修道院は、モンセラート（ムンサラット）、サラゴーサ、アンドゥーハルと並ぶスペインの四大マリア聖地の一つで、イサベル一世やコロンブスも深く帰依した修道院である。イサベル一世とコロンブスは、終末論やメシア思想の影響を受けており、ディエゴ・デ・メリダがそれと無縁であったとは思われない。メシアが到来するとすれば、それはイエスゆかりの聖地イェルサレム以外にはありえず、イェルサレムの「黄金の門」の開放は、メシア到来の予兆とされた。

ディエゴ・デ・メリダは、イサベル一世没後の一五〇七年にパレスティナ巡礼に出発し、カスティーリャ、カタルーニャ、南フランスなどを経由して、パレスティナ巡礼の起点都市ヴェネツィアに入った。ヴェネツィアのベネディクト会修道院滞在中に、ロードス島の聖ヨハネ騎士修道会の騎士と昵懇になり、彼の甥にあたるキプロス総督への紹介状を恵与された。同時期にパレスティナ巡礼を実践した、グアダルーペ修道院の修道士アントニオ・デ・リスボアによれば、ヴェネツィアでは百三十人の巡礼者がガレー船に乗り込んでおり、ディエゴ・デ・メリダも多数いる巡礼者の一人として、五〜七月にヴェネツィアを出港したものと思われる。同乗者にはシオン山のフランチェスコ会修道院長も含まれていたが、旅費が不足し、キプロスに一年以上滞在した。滞在というよりもむしろ、旅費調達のために、キプロス総督の屋敷に寄寓したといった方が正確だろう。キプロス島では、聖パウロや聖ベルナベの聖跡を訪れた後、フランチェスコ会の修道士や俗人と共に巡礼講を組織し、ジェノヴァ船でヤッファに入った。

ヤッファに到着すると、船長は通訳と共に下船し、ムスリム当局から巡礼者の通行許可証を取得する手続きに着手した。通過都市ラムラや聖地イェルサレムの通行・滞在許可証の発給には、流通税を支払い、巡礼者の署名入りの証明書を提出する必要があった。通行許可証が発給され下船しても、更に数日はヤッファ市内の洞窟で待機しなければならなかった。シオン山のフランチェスコ会士が到着し、巡礼者の荷物運搬に携わるムスリムのラバ追いや警備兵を雇用した上で、やっとヤッファを出発することができた。ヤッファからラムラまでの送料はラバ一頭につき二・五レアル（約〇・二三ドゥカード）、警備兵隊長の俸給は、巡礼者一人あたり二・五レアルであった。

ヤッファ東方の中小都市ラムラでは、フランチェスコ会の設立した施療院――キリスト教徒の巡礼者は、施療院外への外出禁止――に宿泊した。同施療院は礼拝堂に加え、三つの井戸と多くの部屋を備えており、六百人以上の巡礼者が宿泊可能であった。施療院管理人夫婦は住み込みのキリスト教徒で、巡礼者への食事・宿泊サービスを提供した。その代価として巡礼者は、一レアルを置いてくるのが習わしであった。ラムラ滞在中に、現地ガイド兼通訳が合流し、ラムラからイェルサレムまでの通行料やラバの賃料を再度支払い、聖地イェルサレムへ向け出立した。追剝や盗賊の危難を回避するため夜間の強行軍であったが、早朝、イェルサレムのフランチェスコ会修道院に無事到着し、同修道院の運営する施療院――巡礼者は二日間、無料で食事・宿泊サービスを享受できた――に身を落ち着けた。

聖墳墓教会に入る巡礼者

フランチェスコ会士の案内で、まず巡礼者が向かったのは、「ゴルゴタの丘（カルヴァリオ山）」に建つイエスの墓廟で、キリスト教最大の聖跡たる聖墳墓教会――全贖宥が得られる――であった。聖墳墓教会の前にも、フランチェスコ会の運営する施療院があり、巡礼者はそこで食料品や土産物を購入することができた。次いで「最後の晩餐会堂」、聖母マリアが幼子イエスの産着を洗った「聖母の泉」、イエスがイェルサレム入城時に利用した「黄金の門」、ヨセファトの谷にある「聖母マリアの墓所」、預言者ザカリア（洗礼者ヨハネの父）の墓所に参詣した。イエスゆかりの「嘆きの道」も辿り、「嘆きの道」の起点「ピラトの館」、聖顔布で有名な聖女ヴェロニカの家、マグダラのマリアの家、聖ペテロが投獄されていた獄舎などを訪れた。イェルサレム市内の聖跡巡拝が終わると、ベツレヘムの「イエスの生誕教会」に足を延ばした。ベツレヘムにもフランチェスコ会の修道院と施療院があり、巡礼者はその施療院に投宿することが可能であった。

こうした聖跡巡拝の過程でディエゴ・デ・メリダは、キリスト教の多様性、イスラームとのシンクレティズムを体験する。言語と宗教儀礼を異にし、西ヨーロッパで異端とされた東方教会（ギリシア正教会、コプト教会、アルメニア教会、グルジア教会、シリア教会、マロン派）が大きな存在感を示し、ラテン教会（フランチェスコ会）と共に、聖墳墓教会の主祭壇でミサを執り行っているばかりではない。ムスリム巡礼者は、ヨセファトの谷の「聖母マリアの墓所」――聖母マリア（アラビア語でマリアム）はムスリムにとっても崇敬対象――や、ヘブロンのマクペラの洞窟――アブラハムとイサークなどの墓所とされ、モスクとなっていた――にも参詣しており、イスラームとのシンクレティズムに驚きの目を向ける。聖墳墓教会に参拝するキリスト教徒巡礼者への不法行為も、根拠のない風評とし、西ヨーロッパの偏狭なムスリム排斥論を拒否するのである。経験に裏打ちされたディエゴ・デ・メリダの言説の中に、ルネサンス的知性の一端を看取することは不可能ではあるまい。

パレスティナ巡礼を完遂したディエゴ・デ・メリダは、キプロスで巡礼行の疲れを癒し、新たな旅費五十ドゥカードを調達して、エジプトへ向かった。エジプトは、ヘロデ王に追われた聖家族が七年間滞在した地であり、エジプト巡歴がパレスティナ巡礼と不可分であることはいうまでもない。一五一〇年にマムルーク朝末期のダミエッタに上陸したディエゴ・デ・メリダは、聖ヨハネ騎士修道会とマムルーク朝の関係悪化の余波を受け、三か月間のダミエッタ滞在を余儀なくされた。ダミエッタからカイロに入ったディエゴ・デ・メリダは、聖母マリアが身を潜めたカイロ近郊の聖跡マセリーアを訪れる一方で、マムルーク朝の首都カイロの喧騒に圧倒される。パレスティナ巡礼の緊張から解放されたためであろうか、エジプトのディエゴ・デ・メリダは、巡礼者というよりも観光者としての側面を強める。

「驚異」とされたピラミッド見物のため、日の出前に、逗留していたガイド兼通訳の家を出発し、船でナイル川の対岸へ渡った。対岸から見たカイロは、早朝にもかかわらず町中に多くの明かりが灯り、町行く人々の足元を照らしていた。日が高く昇るとディエゴ・デ・メリダは、「ファラオの墓所」ピラミッドに、実際に足を踏み入れた。靴を脱いで裸足になり、蠟燭の明かりを頼りにピラミッドの中を探検して、石棺を目の当たりにしたのである。

サンタ・カタリーナ修道院

サンタ・カタリーナ修道院参詣のため、ディエゴ・デ・メリダはカイロ近郊で、ギリシア正教会の修道士に扮し、シナイ半島へ向かうムスリムのキャラバンに加わった。ムスリムと長時間寝食を共にし、食料や水を融通しあう中で、奇妙な同胞意識すら生じた。インドとの香辛料貿易で賑わう、紅海沿岸の都市イスラエトでロバに乗り換えたディエゴ・デ・メリダが、サンタ・カタリーナ修道院に到着したのは、一五一一年二月のことであった。モーセゆかりの聖地に建つサンタ・カタリーナ修道院――モスクを併設――は、砂漠地帯にありながら、決して枯れることのない「奇跡の井戸」を備えた修道院として知られる。六日間の滞在中、「モーセの十戒」の舞台となったシナイ山に登り、サンタ・カタリーナ修道院の秘宝ともいうべき聖遺物、聖女カタリーナの頭骨に接吻することができたのであった。

帰路、再訪したイスラエトの東方教会では、ミサや説教、聖餐式がアラビア語で執り行われていて、キリスト教の多様性を再認識せざるをえなかった。カイロに帰着したディエゴ・デ・メリダは、安産に役立つとされるアーモンド大の「鷲の石」や、眼病に効験のある「聖母の塩」を土産物に購入し、ナイル川河口の主要都市アレクサンドリアに向かった。アレクサンドロス大王の手になる「驚異」の都市で、ディエゴ・デ・メリダは聖女カタリーナの繋がれていた獄舎や、ヴェネツィアの守護聖人たる聖マルコゆかりの街路を訪れた。

アレクサンドリアではコプト教会が、キリスト教最大会派を構成する一方、グラナダ王国やマグリブ地方を追われたムスリムも、少なからず居住していた。対外関係の悪化も手伝い、キリスト教徒排斥運動が表面化する中で、グラナダ出身のあるムスリムと懇意になり、宗教の相異を越えた相互理解の可能性に言及する。異端審問所の摘発対象にもなりかねない、ディエゴ・デ・メリダの柔軟なムスリム観は、宗教的寛容の視点からも興味深い事例である。

タリファ公

ファドケリ・エンリーケス・デ・リベーラはアンダルシーア地方の有力貴族家門エンリーケス家の出身で、フェルナンド二世の姻戚にあたり、一五一四年、初代タリファ公に任じられた。カルロス一世即位後の一五一八年、ドイツ人巡礼者ブライデンバハの巡礼記に刺激されてパレスティナ巡礼を発心し、バレンシア、カタルーニャ、南フランスを経由してヴェネツィアに入った。巡礼行の動機は不明ながら、イエスの墓廟、聖墳墓教会での騎士叙任が、主要目的の一つであったことは間違いない。イェルサレムの「教皇代理」（シオン山のフランチェスコ会修道院長）による聖墳墓教会での騎士叙任は、カトリック貴族にとって最大の栄誉であったからだ。当時、スペイン社会に浸透していた終末論やメシア思想、イェルサレム巡礼による霊的救済という動機も、無関係であったとは思われない。

ヴェネツィア

タリファ公は四十五ドゥカードで、四百トンのコレーサ号の船長アントニオ・ダンドロと乗船契約を結び、七月一日、八十五人の巡礼者と共に、ヴェネツィアを出港した。僚船には百五人の巡礼者が乗船しており、巡礼者総数は二百人近くに上った。タリファ公はヴェネツィアで従者と別れ、単独の巡礼行であったが、巡礼者の一人にスペイン・ルネサンスを代表する詩人・劇作家のファン・デル・エンシーナが含まれていた。

ヴェネツィア領のクレタ、ロードス、キプロス島を経由して、七月二十六日にヤッファに到着した。しかし直ぐには上陸できず、シオン山のフランチェスコ会修道院長が、ラムラとイェルサレムのムスリム当局から通行許可証を取得するまで、船内にとどめ置かれた。八月四日、念願の聖地イェルサレムに入り、シオン山のフランチェスコ会修道院で歓待された。同修道院には施療院が付設されており、巡礼者には食事・宿泊サー

「嘆きの道」

ビスが提供された。イェルサレム入城を前に、あるドイツ人巡礼者が逝去したが、こうしたアクシデントは「苦難の長旅」にあって、決して稀ではなかった。

シオン山のフランチェスコ会修道院で、ミサに与った後、聖母マリアや聖女アナの家、聖ヤコブの殉教地に建つ、聖ヤコブ施療院などを巡歴した後、キリスト教最大の聖跡、聖墳墓教会に参拝した。聖墳墓教会には二度足を運び、ミサに与った後、フランチェスコ会の修道院長から「聖墳墓教会の騎士」に叙任された。「聖墳墓教会の騎士」として、タリファ公は教会を守護し、キリスト教世界の平和維持と異教徒への十字軍に参与すること、弱者を護り、名誉を重んずべきことを誓約した。

多様な東方教会の動向に言及する一方、「イエスの復活教会」では、フランチェスコ会士からイエスの奇跡譚について説明を受け、その後「嘆きの道」に向かった。「嘆きの道」の起点となる「ピラトの館」や聖女ヴェロニカの家、「エッケ・ホモ教会」に加え、「黄金の門」や「最後の晩餐会堂」、ヨセファトの谷にある「聖母マリアの墓所」を巡拝した。ベツレヘムの「イエスの生誕教会」、イエスが洗礼者ヨハネから受洗したヨルダン川、アブラハムとイサークなどの墓所とされるマクペラの洞窟も訪れ、巡礼行を終えた。タリファ公もディエゴ・デ・メリダと同様、フランチェスコ会士などの案内で、ほぼ同様の聖跡を経巡っており、活版印刷の開発により大量に頒布された巡礼案内（ガイドブック）に基づく、定型化された巡礼、即ち「観光」を窺わせる。

タリファ公がヤッファを出港したのは八月二十日、ヴェネツィアに到着したのは、一五一九年十一月四日であった。巡礼行完遂後にセビーリャに帰着したタリファ公は、十六世紀スペイン最大の都市セビーリャの寡頭支配層であったことも手伝い、セビーリャ市内に「嘆きの道」の「移し」ともいうべき「十字架の道」を設定した。タリファ公の館――「嘆きの道」に因み「ピラトの館」と称された――を起点とし、クルス・デル・カンポに至る一キロメートルほどの「十字架の道」は、セビーリャ最良の大工、画家、装飾タイル職人を動員して建設されたもので、僻遠の聖地に赴くことのできない民衆の霊的救済の装置として機能した。孤児や女性、貧民を庇護すべきとされた、「聖墳墓教会の騎士」による慈善活動の一環である。シオン山のフランチェスコ会は、巡礼者の改悛と純化のための「十字架の道」――「嘆きの道」を辿り、「ゴルゴタの丘（カルヴァリオ山）」に至る――を早くから「開発」していた。イエスの受難の追体験を意味する「十字架の道」は、タリファ公のようなイェルサレム巡礼行実践者を通じ、ヨーロッパ各地に拡散したのである。

第二章　聖地と聖性

サンティアゴ教会

「地の果て」の聖地

スペイン北西部ガリシア地方に位置する聖地サンティアゴ・デ・コンポステーラは、十二使徒の一人で、聖ヨハネの兄弟とされるゼベダイの子ヤコブ（聖ヤコブ、大ヤコブ）ゆかりの聖地である。伝承によれば、聖ヤコブは紀元四四年、十二使徒の中で最初に殉教し、従ってイエスに最も愛され、イエスに最も近い聖人と目された。

サンティアゴ・デ・コンポステーラ Santiago de Compostela の語源については、不明な点も残るが、サンティアゴは聖ヤコブ Santo Yacob に、コンポステーラは「墓廟 compositum」を意味するラテン語に由来するといわれる。コンポステーラの語源を「星の野 campus stellae」とする研究も散見されるが、最近の研究ではコンポステーラと「墓廟」との関連を指摘する向きも少なくない。「星の野」とは、古代の神々が住まわれた銀河を意味しており、「星の野」というロマンティックな呼称も、銀河 Galaxia とガリシア Galicia の混同に由来するとされる。

スペイン北部のブルゴ・デ・オスマ教会には、一〇八〇年頃の一枚の世界地図（マッパ・ムンディ）が伝来する。中世ヨーロッパのコスモロジー（宇宙観）を象徴したこの世界地図によれば、世界の中心はイエスの受難と復活の地イェルサレムであった。世界はイェルサレムを中心とした円盤状の構造を持ち、ヨーロッパ、アジア、アフリカの三大陸から構成される。世界の周囲は「原初の海」によって取り囲まれ、海水は滝のように宇宙（異界）へと注ぐ。世界をドーム状に覆う天空は黄道を持ち、天動説に基づき太陽は黄道に沿って、東から西へと天空を移動する。世界地図ではアジアの東端に、「地上の楽園」即ち

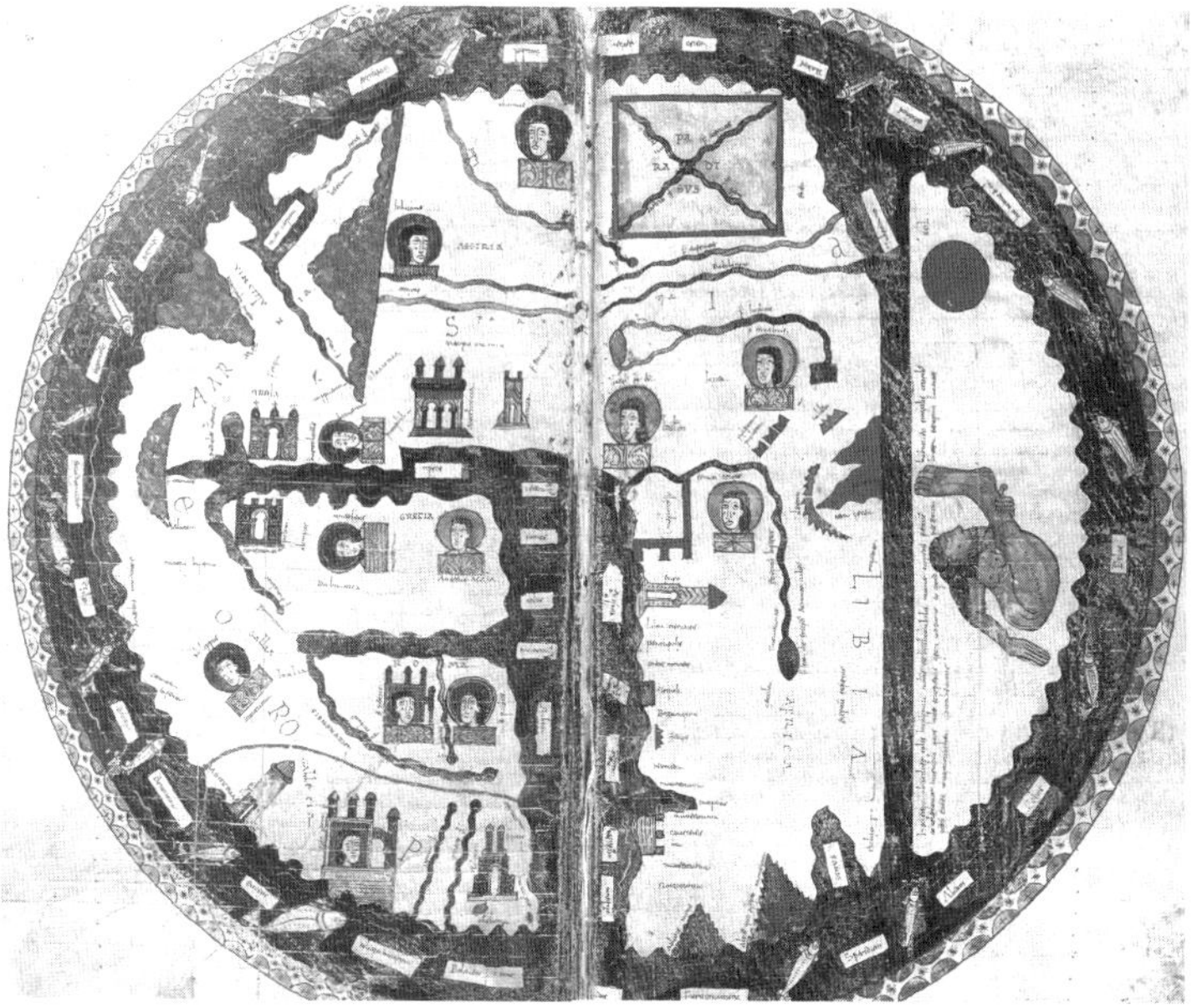

1080年頃の世界地図

「永遠の生命の地」が描かれ、ナイル川、チグリス川、ユーフラテス川、インダス川はそこに水源をもつ。「地上の楽園」に淵源する河川であればこそ、エジプトを訪れた中近世のスペイン人巡礼者は、ナイル川の水を喜んで飲み干したのである。

西方キリスト教世界に目を向ければ、ローマとサンティアゴ・デ・コンポステーラが、特筆すべき聖地とされ、前者は聖ペテロ、聖パウロ像、後者は聖ヤコブ像によって表象される。注目すべきは聖地サンティアゴの位置であり、それは既知の世界であるヨーロッパ・キリスト教世界の西端に配置される。

ヨーロッパ大陸の極西部、「原初の海」との境域という日常的生活圏の周縁部に位置した、サンティアゴの聖性を強化したのは、「地の果て（フィニス・テラーエ）」のメタファーである。「地の果て」は日没に象徴される宇宙的な生と死の舞台、その死が翌日の黎明と共に蘇生する奇跡顕現の場所、換言すれば生と死、精神と肉体、天と地が一体化し、宇宙ないし異界へと繋がる「永遠の救済の地」、「聖なる中心点」に他ならなかった。「永遠の救済の地」にして「聖なる中心点」には、聖性の可視的表象としての聖ヤコブの遺骸が安置されており、それが後述する聖ヤコブの奇跡譚や、異教ないし異端的習俗、ユートピア思想と一体化して、サンティアゴの聖性と聖ヤコブ崇敬を一層強化したのであった。「聖と俗」「彼岸と此岸」の境域に位置する聖地サンティアゴには、奇跡の源泉としての聖ヤコブの遺骸をはじめ、様々な聖性強化の装置が設えられていた。

一　聖地サンティアゴと聖ヤコブ

「聖地は死なず、連続する」

ガリシア地方やアストゥーリアス、カンタブリア地方といったスペイン北西部地方は、ローマ化とキリスト教の浸透が遅れた地域である。従ってここでは、自然崇拝や豊穣儀礼、悪魔祓いなどの異教的習俗が長期にわたって保持された。河川や樹木信仰、星辰占いによる農事慣行、祖先の霊を慰めるため親族が墓所で飲食を共にする共食儀礼などがそれであり、アストゥーリアス地方の祝祭儀礼の中に、今なおその痕跡を留めている。

アストゥーリアス地方の中心都市オビエド近郊の住民は、七月二十五日の聖ヤコブ祭の前日に、異教の聖地であったモンサクロ（聖山）に「巡礼」し、異教時代の戦争神タルルを象った人形を焼き払い、聖ヤコブ像を立てる。この祝祭儀礼が象徴するのは、異教的習俗（戦争神タルル）とキリスト教（聖ヤコブ）のシンクレティズム（習合現象）であり、キリスト教の最終的勝利である。

北部スペインでは、ドルメン（巨石）や洞窟——女性の子宮を連想させ、異教の神々や祖先の霊が集結する聖所とされた——といった異教の聖地・聖所が、カトリック教会に転換する事例も少なくなく、シンクレティズムの時間・空間的連続性を窺わせる。レコンキスタ（再征服）運動の起点となった、アストゥーリアス王国のサンタ・クルス・デ・カンガス教会は、八世紀前半に異教の聖地ドルメンの上に建設されたものであった。アストゥーリアス王国の建国神話で名高いコバドンガの聖母マリア教会も、異教の洞窟聖所そのものの内部に造営された。「聖地は死なず、連続する」のであり、類似の現象はガリシア地方においても確認される。

ピレネー南麓の岩山に造営されたサン・フアン・デ・ラ・ペーニャ修道院

そもそもサンティアゴには、先史時代の巨石文化の祭祀跡があり、サンティアゴと異教的習俗との関係は緊密である。ガリシア地方の先住民ケルト人は、泉や樫の大木を聖霊の宿る聖所とし、病気治癒のため聖地巡礼を行うのが通例であった。

紀元一〜二世紀にガリシア地方がローマの支配下に組み込まれると、ブラガ、オレンセ、イリア・フラビア（エル・パドロン）などに都市が建設され、ガリシア地方のローマ化が開始された。ローマ支配下の属州ガラエキアの政治的中心となったのが、ポルトガル北部の都市ブラガであり、河川港エ

捕えられる聖ヤコブ

ル・パドロンと海港都市ラ・コルーニャは、イングランドやフランス貿易の拠点都市、そしてオレンセはレオンやアストルガへと繋がる、ローマ道（後のサンティアゴ巡礼路）沿いの都市として機能した。これらの都市を結ぶ軍事・交通上の要衝がサンティアゴであって、そこには古くから城塞と集落、墓地を付設したジュピター（ユピテル）神殿――ローマの最高神ユピテルを祀った神殿――などが建設されていた。

三～四世紀になると、レオンやブラガといった主要都市に、キリスト教徒の教区共同体が組織され、異教的習俗の強いガリシア地方にも、キリスト教が浸透し始める。キリスト教公認後のローマ帝国は、ゲルマン人の侵入などにより深刻な危機に直面し、異端運動がローマ帝国各地を席巻した。この時代に異端者として処断されたのが、イリア・フラビア出身とされるアビラ司教プリスキリアーヌス（？―三八五年）であった。

プリスキリアーヌスは、異教的習俗を強く保持したガリア地方のキリスト教を体現した聖職者で、三位一体説の否定、女性への聖職開放、神との直接的「交感」などを説き、広範なガリシア民衆の支持を得た。しかし正統派の司教により異端として告発され、ローマ教皇への拝謁も許されないまま、三八五年ローマ皇帝によりドイツのトリアーで処刑された。

四年後、プリスキリアーヌスの十二名の弟子たちが、ソンポール峠越えのローマ道（後のサンティアゴ巡礼路）を利用して、彼の遺骸をガリシア地方に奉遷し、サンティアゴに埋葬した。ローマ道ではなく、ライン川を下り、英仏海峡を越えエル・パドロン経由で、プリスキリアーヌスの遺骸をサンティアゴに埋葬したともいわれる。プリスキリアーヌスは殉教者として、ガリシア民衆の崇敬を集め、カトリック教会の禁令にもかかわらず、初期中世を通じ民衆信仰の対象となった。プリスキリアーヌスの移葬伝承が、聖ヤコブのそれと酷似していることは注目してよい。

ピラールの聖母教会（サラゴーサ）

以上のような歴史的前提の上に、アストゥーリアス王アルフォンソ二世（在位七九一―八四二年）治下の九世紀初頭、聖ヤコブの遺骸が「発見」される。キリスト教の三大聖地の一つサンティアゴと異教や異端の聖地との連続性は、否定できないのである。

聖ヤコブの遺骸が「発見」される九世紀初頭は、イスラーム軍の侵攻を受けアストゥーリアス王国の首都オビエドが、重大な脅威に晒された時期である。それはまたイスラーム支配下のトレード教会（モサラベ教会）による「キリスト養子説」が、八〇〇年前後に台頭した終末論を背景に、北部スペインとピレネー以北に浸透し、ローマ教会がそれへの対応を迫られた時期でもあった。後に述べるように「キリスト養子説」は、イエス・キリストを「神によって採択された子」とするもので、カトリックの根本教義である三位一体説に抵触する。その拡大は、ローマ教皇の権威を失墜させる危険性を孕んでいた。

こうした危機的状況の中で、聖ヤコブの遺骸が「発見」され、神話が創出されるのである。十二使徒にあって、当時なお明確な墓所を持たない聖ヤコブは、「発見」され「捏造」されるに相応しい聖人であった。

聖地サンティアゴは巨石文化時代の聖地、ローマのジュピター（ユピテル）神殿、異端者プリスキリアーヌスの墓所を内包しており、それらに聖ヤコブの墓を重層化させ、キリスト教的再解釈を施すことによって成立した可能性が高いのである。九世紀初頭の危機的状況下に、王権と教会によって「捏造された聖地」とみることもできるが、異教や異端の聖地との連続性、シンクレティズム、民衆信仰との強い絆は、イスラーム世界を含め地中海世界では、広範にみられた宗教現象であった。

聖ヤコブ伝承

十二世紀の『聖ヤコブの書』や十三世紀の『黄金伝説』によれば、聖ヤコブは主の昇天後、スペイン伝道に従事したものの、九名の弟子を獲得しただけで成果なく終わった。聖母マリア（ピラールの聖母）が失意の聖ヤコブの前に顕現し、教会建設を命じたのは、エブロ川中流の都市サラゴーサで祈禱中のことである。

九名の弟子のうち七名を連れてパレスティナへ帰還した聖ヤコブは、病気治癒や死者の復活など様々な奇跡を行い、多くのユダヤ人を改宗させた。呪術師ヘルモゲネスも、そうしたユダヤ人の一人であり、ヘルモゲネスの改宗は、弟子や友人の集団改宗の誘因となった。しかし多くのユダヤ人の改宗は、ユダヤ人大祭司との対立を惹起させ、ユダヤ人大祭司はローマ兵を買収して、聖ヤコブを逮捕・投獄させた。聖ヤコブは後四四年、過酷な支配とキリスト教徒迫害で知られるヘロデ王によって斬首され、十二使徒最初の殉教者となった。『聖ヤコブの書』によれば、「その瞬間(殉教時)、大きな地震が生じ、空は割れ、海が荒れて、恐ろしい雷鳴がとどろいた。地面が割れて、邪悪な者の多くが飲み込まれた」。聖ヤコブが、「雷の子」と称された所以である。

殉教後、聖ヤコブの七名の弟子たちは、彼の遺骸を船に乗せ、埋葬地を神の御手に委ねた。聖ヤコブの遺骸と弟子たちを同乗させた船は、奇跡を伴った七日間の航海の後、聖ヤコブが生前布教したイリア・フラビア(エル・パドロン)に漂着する。弟子たちが聖ヤコブの遺骸を船から降ろし、エル・パドロン海岸の巨石の上に置くと、巨石は蠟のように曲がり、棺の形になった。それればかりではない。聖ヤコブの遺骸は、空中を飛翔し、エル・パドロン東方のサンティアゴに落下して、埋葬地が啓示されたのであった。

海を渡る聖ヤコブの遺骸

聖ヤコブの弟子たちから、埋葬地の恵与を求められた異教徒の女王ルパは、奸計によって聖ヤコブの埋葬を妨害しようとしたが、「野生の牛」も「火を噴く竜」も難なく馴化されてしまった。この奇跡を目の当たりにして女王ルパは改宗し、その宮殿は聖ヤコブの墓所となった。聖ヤコブの遺骸がサンティアゴに移葬されたのが七月二十五日、埋葬されたのは十二月三十日とされる。九名の弟子のうち七名は伝道中に殉教し、二名は聖ヤコブとともに埋葬された。これらの聖ヤコブ伝承には、異教的習俗やシンボルが多数組み込まれている。

聖ヤコブとカール大帝（シャルルマーニュ）

カール大帝（在位七六八—八一四年）は、中世初期の西ヨーロッパ・キリスト教世界の大半を支配し、ムスリムの支配下にあったサラゴーサ遠征と、バルセローナ攻略でも知られるフランク王である。そのカール大帝晩年の八一四年頃、ガリシア地方の隠修士ペラーヨの前に天使が現れて、長い間忘れ去られていた聖ヤコブの墓のある地を指し示した。多くの人々が、突然出現した異様に明るい星に気づき、その軌跡をイリア・フラビア司教テオドミロに伝えた。司教テオドミロは三日間の断食の後、信徒たちと共に、大理石で覆われた聖ヤコブの墓を「発見」し、アストゥーリアス王アルフォンソ二世に上奏した。アルフォンソ二世は直ちにサンティアゴに赴き、それを聖ヤコブの墓と認めた上で、小教会を建立した。サンティアゴ教会の起源である。

聖ヤコブの墓の「発見」

聖ヤコブの墓「発見」のニュースは、カール大帝とローマ教皇レオ三世（在位七九五—八一六年）にも伝えられ、両者はこれを認知し、ヨーロッパ全域にこの奇跡を知らせた。ここにおいて聖ヤコブ伝承は，シャルルマーニュ伝承とも接合したのである。

伝承によれば八三四年のクラビホの戦いでは、「キリストの戦士」聖ヤコブが、白馬に跨って天から舞い降り、約七万のイスラーム軍を撃破して、ラミーロ一世（在位八四二―五〇年）麾下のキリスト教徒を勝利に導いた。アルフォンソ二世を継承したラミーロ一世の下で、スペイン北部のキリスト教徒は、百人の処女を提供するという屈辱的な軛から解放されたのだ。

シャルルマーニュのスペイン入城

美麗な騎士姿の聖ヤコブは、カール大帝の夢枕にも表れ、サンティアゴ巡礼路とガリシア地方をムスリムの支配から解放するよう命じた。そこでカール大帝は、大軍を率いてスペインに侵攻し、聖ヤコブの加護によりパンプローナ、ブルゴス、サアグーン、レオン、サンティアゴはもとより、バレンシア、コルドバ、セビーリャ、ジブラルタル、果てはマグリブ（北アフリカ西部）地方のセウタ、オランまで攻略したのであった。

カールは美しく均整の取れた体軀をし、眼光の鋭い寛容な王とされ、聖ヤコブの保護下に、マグリブ地方までキリスト教を扶植させる、敬虔な王として描かれる。スペインの主要都市を攻略した後、カール大帝は聖ヤコブ崇敬の故に、サンティアゴ教会を壮麗なものとし、全ての貴族をサンティアゴ教会に従属させて、同教会をローマ教会に次ぐ第二の「使徒教会」とした。サアグーン修道院を建立したのも、カール自身であった。

カールのスペイン遠征に付き従ったのが、側近のローラン伯であり、教義論争を挑んでムスリムの巨人フェラグートを倒したものの、ピレネー山中のロンスヴォー峠で、ムスリム軍の攻撃を受け落命した。『聖ヤコブの書』に含まれるこの伝承が、『ローランの歌』の翻案とされるのも、決して故なき事ではあるまい。聖ヤコブはキリスト教徒の守護聖人、「モーロ人（ムスリム）殺し」とされ、シャルルマーニュ伝承と接合する一方で、ムスリムは聖地サンティアゴを、「キリスト教徒のメッカ」とみなしたのである。

聖ヤコブの移葬伝承と聖ヤコブの墓の「発見」、クラビホの戦い、シャルルマーニュ伝承が、史実か否かはさしあたり問題ではない。例えば八三四年のクラビホの戦いは、ラミーロ一世の在位年（八四二―五〇年）と明らかに矛盾する。多くのフィクションと潤色を含む聖ヤコブ伝承は、幾つかのバリエーションを持ちながらも、十二〜十三世紀までには現在の形となった。その到達点を示すのが、五巻から成る『聖ヤコブの書』と『黄金伝説』であった。

聖ヤコブ伝承の主要モティーフは、聖ヤコブの生前伝承、移葬、墓の「発見」、「キリストの戦士」説話であり、それらを実現するための様々な奇跡や幻視が、異教的習俗をキリスト教的に再解釈しながら語られる。シャルルマーニュ伝承も、その一環であった。聖ヤコブの遺骸の到着地は、異端として処刑されたプリスキリアーヌスの生地であるし、巨石や牛、竜、星はガリシア地方の異教的（ケルト的）民衆信仰と深く係わっている。

聖ヤコブ伝承は、サンティアゴ教会が威信強化のために十二世紀に編纂した、『聖ヤコブの書』に多くを負っている。『聖ヤコブの書』の一部は、ミサでの読誦を目的に作成、編纂されたものであり、一般信徒は聖職者の説教を介して、聖ヤコブ伝承を耳にすることができた。オーラル言語を通じて、民衆の間に蓄積された聖ヤコブ伝承が、聖ヤコブの奇跡への期待、別言すればユートピアと相俟って、サンティアゴ巡礼拡大の内面的要因となったのである。

二 「奇跡」とは何か

奇跡の類型

十二世紀にサンティアゴ教会の手で編纂された『聖ヤコブの書』は、『奇跡の書』『シャルルマーニュ事績録』『巡礼案内』などの五巻構成で、そのうち聖ヤコブの奇跡を扱ったものが、『奇跡の書』として知られる第二巻である。第二巻には全部で二十四の聖ヤコブの奇跡譚が収録されているが、杉谷氏の研究『神の御業の物語』によれば、これらの奇跡はA群、B群、C群の三類型に分類できるという。

A群は比較的短い奇跡譚から構成されており、捕囚からの解放、海難救助、奇跡的な病気治癒を主要モティーフとし、主人公(奇跡受益者)の多くは、諸侯や騎士といった封建制社会の支配層であった。サンティアゴ巡礼者のシンボルで、「善行」を意味するとされた帆立貝も、奇跡的な病気治癒と深く係わっていた。『奇跡の書』第十二話は、帆立貝による病気治癒について、次のように述べる。

「主の受肉から一千百六年、(南イタリアの)アプリアの地で、ある騎士の喉が空気を満たした革袋のように膨らんだ。治療手段が見つからなかったので、使徒聖ヤコブに祈願したところ、聖ヤコブは(次のように)告げた。(聖地)サンティアゴから帰還する巡礼者が、通常持ち帰る帆立貝があれば、それを病んだ喉にあてよ。さすれば、たちどころに治癒するであろう。隣人のある巡礼者の家に、それ(帆立貝)があったので、それを喉にあてたところ、快癒した。やがてその騎士は、ガリシアの騎士の墓に(巡礼に)

聖ヤコブの奇跡（巡礼者を救済する聖ヤコブ）

赴いた」。

B群は物語性の強い、長めの奇跡譚から構成されており、子授けや死者の復活、旅の危険、悪徳宿泊業者の処罰、改悛を主要モティーフとする。主人公（奇跡受益者）の多くは、巡礼行のため集団で移動する家族や親族、講仲間である。無実の罪で処刑された、ドイツ人巡礼者を主人公とした第五話は、死者の復活、旅の危険、悪徳宿泊業者の処罰を示す奇跡譚の典型といってよい。

ある富裕なドイツ人巡礼者の親子が、南フランスの巡礼路都市トゥールーズに宿泊した際、宿泊業者はドイツ人巡礼者親子を窃盗犯に仕立て、金品を奪い取ろうとした。眠っているドイツ人巡礼者親子の頭陀袋に銀杯を忍び込ませ、出立後に二人を窃盗犯として捕えて、裁判所に突き出したのである。息子が絞首刑にされる一方、釈放された父親は、聖地サンティアゴへの巡礼行を続ける。そして聖ヤコブの主祭壇の前で祈り、三十六日後に父親がトゥールーズに戻ると、聖ヤコブの奇跡により無実の息子は蘇り、悪徳な宿泊業者が処罰されたのであった。

この奇跡譚を翻案し、ロマンスを加味して中世末期に成立したのが、スペイン北部の巡礼路都市サント・ドミンゴ・デ・ラ・カルサーダの「蘇った鶏の奇跡」である。これによれば、奇跡が生じたのはトゥールーズではなく、サント・ドミンゴ・デ・ラ・カルサーダであり、ドイツ人巡礼者の息子（青年）が処刑される原因も、宿屋の女性奉公人の凛々しい青年への邪恋に求められる。処刑されたドイツ人巡礼者の息子は、裁判官の食卓に置かれたローストチキンの蘇生を予兆として復活する。それと共に、邪な女性奉公人は、捕らえられ処刑されるのである。

「サント・ドミンゴに着くと、
鶏が歌う、
われわれは教会の中でそれを聞き、
驚愕する。
人々の言うところによれば、巡礼者は、
奇跡により、
それを予兆として、復活する。
これは寓話ではない」

サント・ドミンゴ・デ・ラ・カルサーダの「蘇った鶏の奇跡」

C群は来世（異界）での救済、秘蹟の重要性などを説いた奇跡譚で、性的マイノリティである女性や手工業者（民衆）も主人公（奇跡受益者）として登場する。フランス南東部の都市リヨン近郊の、皮革職ジラールを主人公とした第十七話は、その一例である。

ジラールは肉欲の罪を犯してから、二人の隣人と連れ立って、巡礼行に出立した。巡礼行の途中、聖ヤコブになりすました悪魔がジラールの前に現れ、汚れた男性器の切除による贖罪を命じた。悪魔に騙されて男性器を切り落とし、落命したジラールであったが、聖ヤコブの執り成しにより、聖母マリアがジラールを蘇生させたのであった。

以上のような構成を持つ『奇跡の書』は、十二世紀のサンティアゴ教会の教会政治と密接に関わりながら編纂された。初代大司教ディエゴ・ヘルミーレス（在位一一二〇―四〇年）の下で、大司教座を暫定的に確保したとはいえ、サンティアゴ教会は、十一世紀末にキリスト教徒の手に奪還された、西ゴート王国最大のトレード教会に比べ、歴史と伝統を欠いた新興教会の一つにすぎなかった。大司教座誘致を決定的なものにすべく、ディエゴ・ヘルミーレスは次々と奇跡を「演出」し、多くの巡礼者をサンティアゴ教会に誘致する必要があった。そのための手段の一つが、『奇跡の書』に他ならなかったのである。

「捏造」される奇跡

聖ヤコブ伝承の中で、とりわけ興味深いのは、聖ヤコブの墓「発見」の奇跡と、「キリストの戦士」伝承であろう。十二～十三世紀以降、聖ヤコブはサンティアゴ教会と一体化され、ムスリムを蹴散らす「キリストの戦士」とみなされるからだ。しかし『新約聖書』には、聖ヤコブとスペインを関連づける記述はなく、中世初期の聖ヤコブは、レコンキスタ（再征服）運動の守護聖人ですらなかった。

聖ヤコブの墓が「発見」された九世紀初頭は、アストゥーリアス王アルフォンソ二世が、新都オビエドを拠点に王国の政治・行政機構を再編し、辺境のガリシア地方への植民活動を活発化させていた時代にあたる。民衆信仰が浸透し、政治的に不安定な辺境のガリシア地方をアストゥーリアス王国に繋ぎとめるには、聖ペテロや聖パウロと並ぶ有力な殉教聖人の遺骸を「発見」する必要があった。

国内政治上の要請に加え、「キリスト養子説」を巡る異端論争も、聖ヤコブの墓「発見」に寄与した。イエスを「神によって採択された子」とする「キリスト養子説」は、ムスリム支配下のトレード教会が提唱した教義であるが、ローマ教会、アストゥーリアス教会、フランク教会はこれを異端とし、激しい論争が展開された。アッラーを唯一絶対神とするムスリムにとって、イエスは神ではありえず、父と子と聖霊を一体とする三位一体説は、到底認められるものではなかった。ムスリム支配下のモサラベ（ムスリム支配下のキリスト教徒）を統べるトレード教会は、モサラベ教会存続のためにもイスラームの教義との妥協を強いられ、「キリスト養子説」を提唱したのである。

「キリストの戦士」聖ヤコブ

こうした中での聖ヤコブの遺骸「発見」は、「キリスト養子説」をとるトレード教会の権威と正統性を失墜させ、アストゥーリアス王権とアストゥーリアス教会の宗教的優位と正統性をスペイン内外に誇示する手段でもあった。「キリスト養子説」を巡る異端論争には、『ヨハネ黙示録注解』——聖ヤコブとスペインを結び付けた一節を含む——で知ら

死者の復活

れるリエバナのベアトゥスのみならず、イリア・フラビア（エル・パドロン）司教テオドミロ、隠修士ペラーヨも関わっているといわれ、聖ヤコブの墓「発見」の政治・宗教的意図は軽視できない。八〇〇年頃に到来するとされた終末も、聖ヤコブの遺骸「発見」に作用しているとみてよい。

「キリストの戦士」としての聖ヤコブ像は、サンティアゴ教会の聖堂参事会員ペドロ・マルシオの手になる、十二世紀中頃の「特権文書」に由来する。「白馬に跨り最大級の白い軍旗」をもって天から舞い降り、ムスリムを殲滅する聖ヤコブ像がこれである。だがこの奇跡が生じたとされるクラビホの戦いについては、史実に反する部分があまりにも多く、現在ではこれを聖堂参事会院による「捏造」とする研究が少なくない。サンティアゴ教会の権威を定着させ、聖ヤコブを中心とした宗教的統合を促すと共に、中断していた教会建設の財源をスペイン全域から確保すること、これが文書「捏造」の主要な目的であった。初代大司教ディエゴ・ヘルミーレスとローマ教皇カリクトゥス二世（在位一一一九—二四年）が、公会議でレコンキスタ運動と十字軍を同一視した十二世紀前半以来、「キリストの戦士」としての聖ヤコブ像は定着しており、ペドロ・マルシオの「特権文書」はそれを敷衍したものであった。

聖ヤコブの遺骸「発見」と「キリストの戦士」像が、いずれも王権やサンティアゴ教会の政治・経済的利害と密接に結びついていたことは注目してよい。奇跡もまた現実の利害関係の中で「捏造」され、伝えられるのである。しかし重要なのは、様々な宗教で確認される奇跡の「捏造」ではない。「捏造」された奇跡がなぜ、いかなるメカニズムで人々に受容されるのか。奇跡の中の何が、人々を巡礼へ駆り立てるのか。問われるべきは、この点であろう。

ユートピアとしての聖地

一般信徒に読み聞かされることを目的に編纂された『奇跡の書』には、病気治癒や死者の復活に関する複数の奇跡譚が採録されている。このことは病気治癒と死者の復活が、当時の人々にとって、いかに大きな関心事であったかを示している。

十二使徒の中で最初に殉教したとされる聖ヤコブは、キリスト教徒にとってイエスに最も近い聖人と映じた。それゆえ聖ヤコブの神への執り成しは、永遠の救済や死者の復活、病気治癒や危難回避などの現世利益の上で、大きな効験があるものとみなされた。民衆は高価で臨床的効果の少ない医学よりも、聖ヤコブに病気治癒への執り成しを期待したのである。

中近世のヨーロッパ世界では、ミクロコスモス（人間の身体や現世）はマクロコスモス（異界や来世）と連動しているとされ、病気治癒の最大の源泉は治療や薬草ではなく、神への祈りに求められた。『奇跡の書』によれば、フランス東部ブルゴーニュ地方のある男性は、内臓疾患を患っており、歩くことすらままならなかったが、妻や奉公人を伴い、馬で巡礼行に出発した。聖地サンティアゴに到着し、施療院に滞在中、聖ヤコブが夢枕に現れた。その幻視に従い、三日間サンティアゴ教会で祈ったところ、内臓疾患が快癒した。七十の病気を背負って「楽園」を追放された人類にとって、聖ヤコブの執り成しによる病気治癒は、現実感を持って受け止められたに違いない。病気治癒に加え、旱魃などの異常気象や凶作も、「神の怒り」によるものとされ、バルセローナなどの都市当局は、聖ヤコブの執り成しを求め、都市役人を聖地サンティアゴへ派遣した。

冤罪で処刑されたドイツ人巡礼者の復活や、農民を虐待した罪で一度は病に倒れるが、改悛後に健康を回復する領主について述べた奇跡譚も興味深い。これらは社会的不正の是正、換言すれば正義の回復、神の法の実現を意味する。そこには千年王国、すなわち正義が支配し、病気と苦痛のないユートピアへの民衆の強い期待が込められている。

イスラーム軍による聖地イェルサレム占領が、終末の予兆と受け止められた当時にあって、「西方十字軍」としての性格を帯びたサンティアゴ巡礼に参加することは、アンチ・キリストの手から聖地イェルサレムを解放し、千年王国の扉を開くことを意味した。永遠の救済と現世利益、終末の予兆と千年王国への期待が、巡礼のための物的・法的制度の整備、カトリック教会による巡礼の組織化と相俟って、聖ヤコブの遺骸を完全な形で保持するサンテイアゴ教会へと、民衆を突き動かしたのである。

サンティアゴの聖性の象徴するもの

聖地サンティアゴは、人々が奇跡を目撃し、「地上の楽園（ユートピア）」を実感できる都市でなければならなかった。そのためローマ巡礼を実践した初代大司教ディエゴ・ヘルミーレスと後継大司教の下で、大規模な都市改造が実施され、聖地（聖なる都市）ローマをモデルに、ユートピア都市の構築が目指された。

聖地サンティアゴの市門（城門）数は、神が天地創造に要した日数と同じ七である。教会・修道院数は、アンテアルターレス修道院とその付属教会を一つと数えれば十二となる。事実、十五世紀末にサンティアゴを訪れた、ニュールンベルクの医者ヒエロニムス・ミュンツァアーは、教会・修道院数を十二としている。十二という数字が、十二使徒を表象していることはいうまでもない。サンティアゴ教会の身廊と祭壇数は九。これは聖ヤコブがスペインで改宗させた弟子の数と同じであり、巡礼者の回心と再生を象徴する。サンティアゴ教会の聖堂参事会員数も、イエスの弟子を象徴して七十二人とされ、聖書的言説に基づくシンボリックな数字（聖数）となっている。

サンティアゴ教会の周囲三マイルは「聖域」とされ、十字架などの可視的象徴が設置された。「聖域」の中心サンティアゴ教会は、十字形の平面プランを持ち、人間の頭部に比定された後陣をイェルサレムの

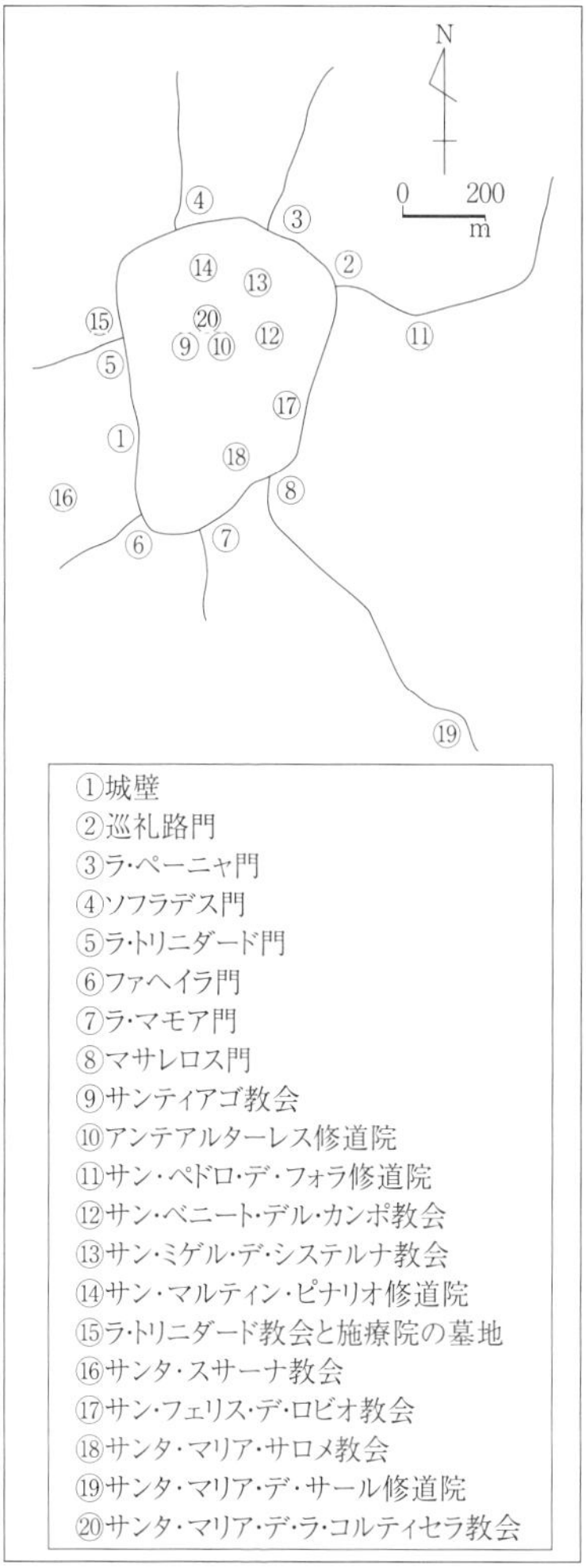

1150年頃のサンティアゴの教会・修道院

サンティアゴ教会の「栄光の門（西門）」

位置する東方に向けた、典型的「巡礼教会」であった。

サンティアゴ教会の主要門は、「栄光の門」と呼ばれた西門、北門（黒玉細工門）、南門（銀細工門）の三つから成り、「栄光の門」のタンパンには、イエスの受難や永遠の救済など聖書からモティーフをとったレリーフが描かれていた。識字率の低い中近世にあって、これらのレリーフは民衆教化に重要な役割を果たした。巡礼者は北門（黒玉細工門）から入り、聖ヤコブの遺骸を安置した後陣の主祭壇の前で祈った後、南門（銀細工門）を通って教会の外に出た。北門→主祭壇→南門という巡拝コースは、聖ヤコブへの祈りを介した黒（黒玉）から白（銀）への人格変容、すなわち巡礼者の贖罪（巡礼者の内面の純化）を象徴している。

巡礼者に「天井の音楽」を説いたポリフォニー（多声音楽）学校に加え、北門の前には、世界に類を見ない泉と巡礼者のための施療院が配置されていた。滋養分に富み健康を増進させる泉水が、巡礼者の渇きを癒し、病気の巡礼者は回復もしくは帰天するまで、サンティアゴ教会の運営する施療院で介護されると喧伝された。これらのユートピア的言説と演出装置が、サンティアゴの聖性を一層強化し、聖地サンティアゴはさながら、「劇場都市」にして「地上の楽園」の感があった。

聖年

聖地が聖性の空間的限定概念であるとすれば、聖年（ユビレウス）は聖性の時間的限定を意味する。聖性は聖地と聖年という限定された時空間概念の交点においてこそ、最も強化されるのであり、そうした凝縮された聖性が、多くの巡礼者を魅了したのである。

キリスト教の聖年の起源は、古代ユダヤ社会で五十年ごとに実施されていた、「ヨベルの年（安息の年）」に求められる。ユダヤ暦第七月（ティシュリ月）の十日に、角笛とともに始まる「ヨベルの年」には、債務奴隷が解放され、売却された土地への買戻し権も認められた。ユダヤ社会の社会・経済的格差を是正すべく設けられた「ヨベルの年」は、中世ヨーロッパ社会にも継受されていく。キリスト教がユダヤ教の改革派、即ち「ユダヤ教ナザレ派」として出発したことを考えれば、聖年の継受は当然の所産であったろう。

中世ヨーロッパ社会において聖年は、古代ユダヤ社会の「ヨベルの年」にみられたような、社会・経済的格差の是正機能を希薄化させ、聖地巡礼との結びつきを強めた。聖年の聖地巡礼は、現世利益と来世での救済の上で大きな効果があると期待されたためであった。この聖年を利用して、多数の巡礼者を集めたのが、サンティアゴ教会である。

伝承によればサンティアゴ教会は、既に一一七九年にローマ

聖年（1300年）のローマ巡礼者

教皇アレクサンデル三世（在位一一五九―八一年）から、聖年布告特権を認承され、聖ヤコブの殉教日の七月二十五日が日曜日にあたる年を聖年とした。サンティアゴ教会の聖年は、六年→五年→六年→十一年周期で設定されており、これらの中に聖数を見てとることも不可能ではない。最初の六と五で十一、次の五と六も十一、これに最後の十一を加えると三十三になる。イエスは三十三歳で昇天したといわれ、聖年数の合計はこれと一致する。二十世紀末から二十一世紀初頭を例にとれば、一九九三年、一九九九年、二〇〇四年、二〇一〇年、二〇二一年がサンティアゴ教会の聖年である。

ローマ教会では教皇ボニファティウス八世（在位一二九四―一三〇三年）が、一三〇〇年を聖年とする宣言を行い、この年にローマを訪れた巡礼者に「全贖宥（全面的な罪の赦し）」を与えるとの教勅を発した。これを機にローマ巡礼者も増加傾向を見せ、当初、百年周期であったローマ教会の聖年は、一五世紀半ばに三十三年、一四七〇年以降は二十五年周期と定められた。

このようにサンティアゴ教会の聖年は、ローマ教会の聖年以上に頻繁で歴史も古いとされるが、両教会の聖年が重複する場合も生じる。この場合であってもサンティアゴ教会は、聖年布告権をローマ教会より認知されており、またローマとサンティアゴの両聖地を巡拝することも可能であることから、大きな問題とはならなかった。

三　巡礼のクロノロジー

中世前期のサンティアゴ巡礼

「聖と俗」「彼岸と此岸」の境域に位置する聖地サンティアゴには、奇跡の源泉となる聖ヤコブの遺骸をはじめとする様々な聖性強化の装置が設えられていた。これらが現世利益と来世での救済を求める人々の心の琴線と共鳴し、多くの巡礼者を聖地サンティアゴへ蝟集させたのである。

九世紀初頭の「発見」当初、ガリシア地方に限定されていたサンティアゴ巡礼は、十世紀半ばにはピレネー以北に拡大し始め、十一世紀末〜十三世紀に頂点に達する。十二世紀の『聖ヤコブの書』によれば、ヨーロッパ全域はもとより、アルメリア、インド、エチオピアなどからも多数の巡礼者が集まった。誇張やフィクションが含まれているとはいえ、サンティアゴ巡礼者数は、年間二十万人〜五十万人に上ったといわれる。一〇九五年のエル・パドロンからサンティアゴへの司教座移転、初代大司教ディエゴ・ヘルミーレスの下でのサンティアゴ市とサンティアゴ教会の大規模な拡張工事は、それに対応したものであった。

レコンキスタ運動の一場面（13世紀のラス・ナバス・デ・トローサの戦い）

十一世紀末〜十三世紀のサンティアゴ巡礼の急速な拡大は、スペインを含めたヨーロッパ封建制社会の政治・経済・社会的条件の整備、ローマ教皇庁やそれに大きな影響力を持った国際的修道会であるクリューニー会の動向、民衆信仰の在り方とも不可分であった。

周知のように、外民族の侵入停止後の西ヨーロッパでは、封建制社会が確立し、耕地面積の拡大や農業生産力の拡充、人口の増加が顕著になった。それに伴って貨幣経済の浸透や都市の発展が促され、ヒト、モノ、カネ、情報の移動も活性化する。こうした西ヨーロッパ社会の対外膨張運動としての一面を持ったのが、武装巡礼としての十字軍であった。十一世紀末〜十三世紀における十字軍のラテン語表記が、ペレグリナティオ peregrinatio（巡礼）であることは象徴的である。「キリストの戦士」聖ヤコブ崇敬に支えられた、サンティアゴ巡礼も同様であり、それは「西方十字軍」としてのレコンキスタ運動への民衆の間接的参加を意味した。

サンティアゴ巡礼路は、初期中世のアンダルス（イスラーム・スペイン）との境界線にほぼ対応して、設定されている。巡礼者たちはムスリムとの戦いも念頭において、巡礼行を実践した。初期中世の状況を伝える一四世紀の巡礼歌の一節は、次のように歌う。

「われわれ（フランス人巡礼者）がガリシア地方に着くと、
（ガリシア地方北部の小都市）リバデオに、
（リバデオの住民は）われわれがムスリムとの戦いを指揮するよう懇願した、
老いも若きも、
だがわれわれは自らを守る、

われわれの言語で」

十一〜十三世紀のカスティーリャ・レオン王国では、アルフォンソ六世（在位一〇六五—一一〇九年）時代以降、西ヨーロッパとの関係が一層緊密化し、王権、巡礼路都市、領主権力が地域や都市の再開発、レコンキスタ運動推進のために、巡礼者や外国人誘致を積極的に進めた。パーリア（イスラーム諸王国からの軍事貢納金）収入を利用して、道路や橋、宿泊施設といった移動のための物的条件を整備する一方、王権と教会、都市当局が巡礼保護のための法的措置を講じたのである。加えてローマ典礼の導入や教会改革が断行され、ローマ教皇庁やクリューニー会との関係も強化された。

カスティーリャ・レオン王国ではアルフォンソ六世時代まで、聖人や祝祭日、ミサ曲などをローマ典礼と異にする西ゴート（モサラベ）典礼が維持されてきた。典礼形態の相違は年号計算にも波及し、カスティーリャ・レオン王国と西ヨーロッパでは三十八年の時間差が生じていた。例えば西暦一〇〇〇年は、カスティーリャ・レオン王国では一〇三八年となった。ローマ典礼への転換は、カスティーリャ・レオン王国の西欧化を意味した。

アルフォンソ6世

こうした改革を進める中で、ローマ教皇の支援により、サンティアゴ教会への大司教座移転が実現し、巡礼者数も大きく伸長したが、ローマ教皇庁は民衆の巨大な宗教的エネルギーの表出ともいうべき、巡礼の危険性を自覚していた。だからこそカトリック教会は、巡礼を秘蹟に準じた禁欲的行為として宗教儀礼の中に取り込み、民衆の宗教的エネルギーを統制しようとした。サンティアゴ巡礼は、教会権力による上からの組織化、民衆教化とも密接に関わっていたのである。

巡礼者を襲うアウトロー

中世後期のサンティアゴ巡礼

十四～十五世紀の西ヨーロッパ世界では、気候変動、ペスト、戦乱、教会大分裂を背景に封建制社会の危機が深刻化し、その再編が模索される一方、国際商業や都市のさらなる発展に促されて、ヒトやモノ、カネ、情報の移動もより容易になった。ペストや戦乱が「神の怒り」に帰せられた当時にあって、危機の拡大は人々の心性にも大きな影響を与え、マリア崇敬に代表される新たな民衆信仰や神秘主義、「外化された神秘主義」としての巡礼を高揚させた。伝統的な民衆信仰である聖ヤコブ崇敬、従ってサンティアゴ巡礼が弱体化する背景である。マリア崇敬に由来する新たな聖地――「黒いマリア」で名高いグアダルーペやアンドゥーハルはその典型――の出現も、それを助長した。

中世後期のサンティアゴ巡礼は、東欧や北欧からより多くの巡礼者を集め、誘致圏の拡大には成功するものの、「信仰の旅」「苦難の長旅」としての性格を希薄化させ、巡礼者数は伸び悩んだ。中世末期～近世のサンティアゴ巡礼は、それが本来内在させていた余暇（「観光」）としての側面を強めていき、巡礼の世俗化が表面化しつつあった。「信仰の旅」から「遊行」へと重心が移動し始めるのであり、それに伴って不法行為を犯し、贖罪のための巡礼を強いられたネーデルラントなどからの「強制巡礼者」も増加する。

中世末期の「強制巡礼」の制度化は、不法行為者を現地から遠ざけ、被害者の「フェーデ（自力救済）」を回避して、治安を維持しようとの都市当局や教会当局の意図に由来する。同時にそれは、巡礼者の信仰と既成社会からの自発的切離を基本とする伝統的巡礼の否定、伝統的巡礼観の変容も意味した。富裕者から金銭の支払いを受けて巡礼する代参、バガボンド（浮浪者）やアウトローなどの偽巡礼者と偽貧民の増加、兄弟団（信徒会）に結集した都市民衆による活発な慈善活動も、中世末期の特色である。

近世〜現代のサンティアゴ巡礼

宗教改革期の十六世紀には、プロテスタント諸国が聖人崇敬や巡礼を禁止し、カトリック内部でも巡礼の世俗化に対する批判や、聖ヤコブから聖母マリアへの民衆信仰の重心の移動が決定的となり、巡礼者数は大きく減少した。わけても大きな影響を与えたのは、マリア崇敬（聖母マリア信仰）の台頭——近世〜近代のカトリック運動は、マリア崇敬と不可分——であった。異端審問所が、プロテスタント諸国からの巡礼者に不信の目を向けたこと、トリエント（トレント）公会議以降の教会による民衆信仰の統制強化、ドイツやフランスでの宗教戦争による移動の困難も、巡礼者数減少の一因となった。

無敵艦隊敗北後の一五八九年に、イングランド海軍の略奪を恐れたサンティアゴ教会が、聖ヤコブの遺骸を隠匿し、隠匿場所を失念したことも、巡礼者数減少に拍車をかけた。いかに混乱の渦中とはいえ、サンティアゴ教会最大の聖遺物を失念するとは、俄かには信じがたい。聖遺物収集癖のあるフェリーペ二世

無敵艦隊の敗北

（在位一五五六—九八年）から、聖ヤコブの遺骸を守り抜くための奸計であったともいわれる。一四九二年にはコロンブスのアメリカ「発見」により、サンティアゴの持つ「地の果て」のメタファーが消滅し、聖地サンティアゴは、聖性の重要な根拠を失った。民衆信仰としての聖ヤコブ崇敬とサンティアゴ巡礼は、聖遺物とメタファー消失を背景に、十六世紀に大きな転換期に直面したのである。

この時期に聖地サンティアゴを訪れた人物に、ポーランド系ドイツ人貴族のエリック・ラッソータ・フォン・シュテブラウがいる。冒険心と好奇心から、スペイン軍に傭兵として加わり、フェリーペ二世のポルトガル王位継承への不満が燻る、ポルトガル各地を移動した後の一五八一年一月、聖地サンティアゴに入った。彼の日記によればサンティアゴ教会は、美しく壮麗な教会で、聖ヤコブの遺骸は二人の弟子と共に、主祭壇下に安置されている。その近くに聖パウロの歯や十字架の断片をはじめとする、聖遺物を集めた聖具室があり、巡礼者はこれらを参拝してから信仰告白を行い、聖体拝領を受けるのが通例であった。

一六六九年にはメディチ家のトスカーナ大公コジモ三世が、侍従や医者、司祭を含む二十六人の随行員と共にサンティアゴ教会を訪れている。コジモ三世のスペイン訪問は、帝王学を習得するためのグランド・ツアーの一環に過ぎなかったが、敬虔なコジモ三世はサンティアゴ教会でのミサと聖体拝領を切望していた。随行員の日記によれば、当時の聖地サンティアゴは、城壁の崩れかかった汚れた都市にすぎなかったものの、聖ヤコブの祭日には多くの巡礼者を集めることができた。聖ヤコブの遺骸は、主祭壇に安置されている一方、巡礼者は主祭壇後方の階段を上り、聖ヤコブの頭に帽子を乗せ抱擁したのであった。

サンティアゴ巡礼者数は、十七世紀に若干回復するものの、減少傾向に歯止めはかからず、十九世紀に底点に達した。「科学革命」と啓蒙主義の時代である十七〜十八世紀の西ヨーロッパでは、ミクロコスモス（現世や身体）とマクロコスモス（来世）との断絶が生じつつあった。ミクロコスモスとマクロコスモスの断絶は、救霊や病気治癒などに際しての聖人の執り成しを無意味なものとし、多くの人々を巡礼から遠ざけた。十七〜十八世紀のサンティアゴ巡礼者数の減少を否定する研究も散見されるが、それを見極めるには更なる研究の積み重ねが必要だろう。

サンティアゴ教会主祭壇の聖ヤコブ像

一八七九年、サンティアゴ教会主祭壇下の発掘調査により、行方不明になっていた聖ヤコブの遺骸が「再発見」されると、「理性と信仰の調和」を重視した、ローマ教皇レオ十三世（在位一八七八―一九〇三年）は、これを聖ヤコブの遺骸と認知した。サンティアゴ教会の発掘調査は、一九四六〜五九年にも実施され、一九四七年には聖ヤコブ像を捧持した聖体行列が行われた。第二次世界大戦直後の一九四六〜四七年は、枢軸国と関係のあったフランコ政権が、国連から除名され国際的に孤立していた時期であった。聖ヤコブはフランコ政権により、内戦で分断されたスペインの政治・社会的統合の手段として利用されたのである。十九世紀前半に廃止された、聖ヤコブ祈念課税（聖ヤコブの加護によるグラナダ陥落を祈念して、旧グラナダ王国の住民に課せられた課税）が、フランコにより復活されたことは、フランコ政権とサンティアゴ教会の緊密な関係を窺わせるものである。その上で聖年にあたる一九五四年、新任のサンティアゴ大司教パラシオスが、フランコ政権の同意を得て巡礼振興に乗り出した。

ガリシア地方出身のフランコは、聖ヤコブの奇跡には冷淡であったとされるが、巡礼振興の政治利用には大きな関心を示し、その功績によりサンティアゴ大学から名誉博士号を授与された。しかし西ヨーロッパ諸国のフランコ体制への批判も手伝って、一九七〇年代まで巡礼は概して低調であった。サンティアゴ巡礼が再び活性化するのは、フランコ体制が終焉して二十年近くが経過し、スペインの民主化が進行した一九九〇年代以降のことである。

第三章　巡礼行の実際

サンティアゴ教会の聖ヤコブ

一　「聖なる空間」を行く人々

九世紀初頭に成立した聖地サンティアゴは、中世ヨーロッパの三大聖地の中で最も歴史の浅い聖地であったが、それ故にこそ様々な奇跡譚を「捏造」し、聖年を演出して、巡礼者を集める努力を積み重ねた。聖地サンティアゴに至る巡礼路都市の教会や修道院にも、トゥールの聖マルタンやレオンの聖イシドーロを始めとして、多くの聖人の聖遺物が安置され、サンティアゴ巡礼路は、聖遺物の横溢した「聖なる空間」と化す。サンティアゴ巡礼は、これらの聖遺物を祀った地方霊場を繋ぎ、クリューニー会などの有力修道会が、上から組織することによって成立した国際的巡礼なのである。

雪のソンポール峠

巡礼者はこうした聖遺物に触れ、人格変容（内面的変化）を遂げながら、聖地サンティアゴを目指した。したがって巡礼路は単なる道ではなく、固有の巡礼圏を持つ地方霊場の連鎖から成る「聖なる空間」であり、巡礼の旅は「聖遺物の旅」「聖化の旅」となった。自らの意思で様々な霊場を巡拝しつつ、聖地を目指す巡礼者にとって、巡礼行は日常的生活圏を離脱し、「聖なる空間」「異界」へ参入すること、別言すれば物的世界の保護を離れた、「異邦人」ないし「神の貧民」となることを意味した。

巡礼者数と社会層の多様さの点で、サンティアゴ巡礼はローマ巡礼やイェルサレム巡礼を凌駕した宗教現象であり、国王や貴族、聖職者、商人のみならず、手工業者や貧民、病人など多くの民衆を引きつけた。中世ヨーロッパの民衆は「聖職者の聖地」ローマや、イエスの受難と復活の地でありながら、長期にわたりムスリムの支配下に置かれた、僻遠の聖地イェルサレム以上に、サンティアゴに強い親近感を抱いたのである。ヨーロッパ各地に伝わる中近世のサンティアゴ巡礼歌からも、それを読み取ることができる。

「遂にサンティアゴに着いて、
われわれは満足した。
われわれ全員が走り回った、
民衆もお偉方も、
神への奉納を行おうと。
その聖なる教会（サンティアゴ教会）で、
われわれの誓願を果たすため、
聖なる例に倣って」

「その壮麗な教会（サンティアゴ教会）には、
世界のあらゆる気候帯の、
あらゆる人々が到着する、
主を賛美しながら。
アルメリア人、ギリシア人、アプリア人、
アングロ人、ガリア人、ダキア人、フリージア人、あらゆる言語、種族の人々が、供物を持って、そこ（聖地サンティアゴ）へ向かう」

サンティアゴへの道
「フランス人の道」

ピレネー山脈越えのサンティアゴ巡礼路は、ローマ時代以来開かれていたが、イスラーム軍がドゥエロ川以北まで侵攻した中世初期には、オビエドを経由するカンタブリア海岸沿いのルートが利用された。十一世紀末〜十二世紀初頭に中部スペインの主要都市で、軍事上の要衝でもあったトレードとサラゴーサが攻略されると、ドゥエロ川北部とエブロ川中上流地域の安全が確保され、十二世紀半ばの『サンティアゴ巡礼案内』にみられるような主要巡礼路が定着した。外国人巡礼者に占めるフランス人の比重が大きかったことから、主要巡礼路は「フランス人の道」とも呼ばれた。

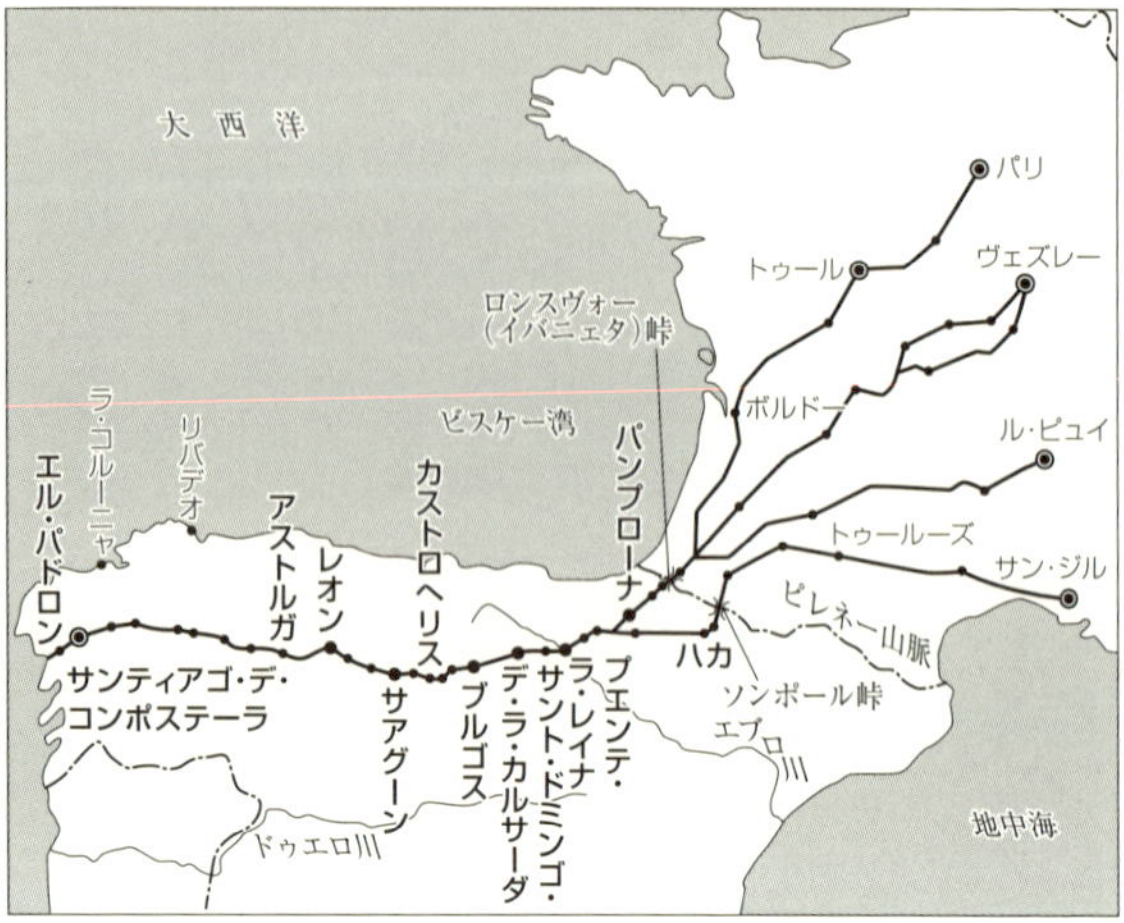

サンティアゴ巡礼路（「フランス人の道」）

『サンティアゴ巡礼案内』は『聖ヤコブの書』の第五巻を構成するもので、フランス東部ブルゴーニュ地方の巡礼路都市ヴェズレーの司祭、エムリー・ピコーの手になるものといわれる。この『サンティアゴ巡礼案内』によれば、主要巡礼路は四本とされ、いずれもフランスの都市であるトゥール（ないしパリ）、ヴェズレー、ル・ピュイ、サン・ジルを起点としていた。

四本の巡礼路はフランスからイタリア、ドイツ、ネーデルラント、東欧、北欧諸国に接続しており、ヨーロッパ全域を覆う陸上交通網の一角を占めていた。主要巡礼路が四本に限定されたのは、巡礼者がピレネー山麓の異教もしくは異端的習俗に染まるのを防ぐためであった。ピレネー山麓の異教もしくは異端的習俗とは、初期中世にキリスト教を受容し始めた、非インド・ヨーロッパ系先住民バスク人の習俗をさす。

巡礼路都市プエンテ・ラ・レイナ

これら四本の巡礼路は、言語やエスニシティ、習俗を異にする多元的世界が、カトリック教会の下で統合されるように、ピレネー南麓の都市プエンテ・ラ・レイナで一本となった。ローマ教会による統制の一端を、ここに垣間見ることができる。中世の情趣をたたえた中小都市プエンテ・ラ・レイナには、往時を偲ばせる巡礼者のための「ローマ橋」が今も残る。
巡礼路は、ピレネー北麓のオーブラック高原、シャルルマーニュ伝説で有名なピレネー山中のロンスヴォー（イバニェタ）やソンポール峠、ガリシア地方のセブレイロ峠など、多くの難所を含んでいた。これらの峠道では、雪や霧で遭難する巡礼者が後を絶たなかったし、逆に炎天下での北部スペインのメセタ（中央台地）踏破は、巡礼者にとって過酷な試練を意味した。赤茶けたメセタの中を地平線の彼方まで続く単調な巡礼路は、巡礼者の疲労を倍加させたに違いない。道路や橋の維持も容易ではなかったし、後述するように巡礼者への不法行為も横行した。ピレネー山麓から片道八百キロメートル、パリからは片道千六百メートルを超えるサンティアゴ巡礼路は、巡礼者にとって「苦難の長旅」そのものであった。

聖地を目指す巡礼船

「海の道」

イングランド、ネーデルラント、北欧からの巡礼者は、夏場にハンザ船を利用して巡礼する場合が少なくなかった。通常はガリシア北部の海港都市ラ・コルーニャに上陸し、その後は徒歩などで聖地サンティアゴへ参詣した。聖年にあたる一四三四年と一四四五年にラ・コルーニャに上陸した巡礼者は、二千人〜三千人に達したといわれる。ハンザ船を利用したサンティアゴ巡礼者としては、十二世紀半ばの第二回十字軍兵士、十五世紀初頭のイングランドの女性巡礼者マージェリー・ケンプ、十六世紀初頭のバルト海沿岸の都市シュトラールズントの巡礼者がよく知られている。

イングランド人、フランドル人、ドイツ人などから構成された第二回十字軍兵士は、海路、聖地パレスティナへ赴くにあたり、まず「モーロ人殺し」聖ヤコブを祀った、サンティアゴ教会に参拝した。次いでポルトガル王の要請を入れ、ムスリムの手からリスボンを奪還することに協力した。マージェリー・ケンプは一四一七年、サンティアゴ巡礼を実践したとされるが、ラ・コルーニャへ向かう七日間の船旅の間、狭くて汚い船室に押し込められ、飲料水も不足して、不愉快な船旅を強いられたのであった。

十四世紀後半以降、ラ・コルーニャとイングランドのプリマス、ブリストル、サウサンプトンなどの間に定期航路が開かれ、多くのイングランド人巡礼者がラ・コルーニャ経由で、サンティアゴ巡礼を行った。ラ・コルーニャから聖地サンティアゴまでの往復日数は、十日ほどであり、イングランド船はこの間ラ・コルーニャに停泊し、イングランド産毛織物を陸揚げする一方、ガリシア産の皮革やワインを積み込んだ。

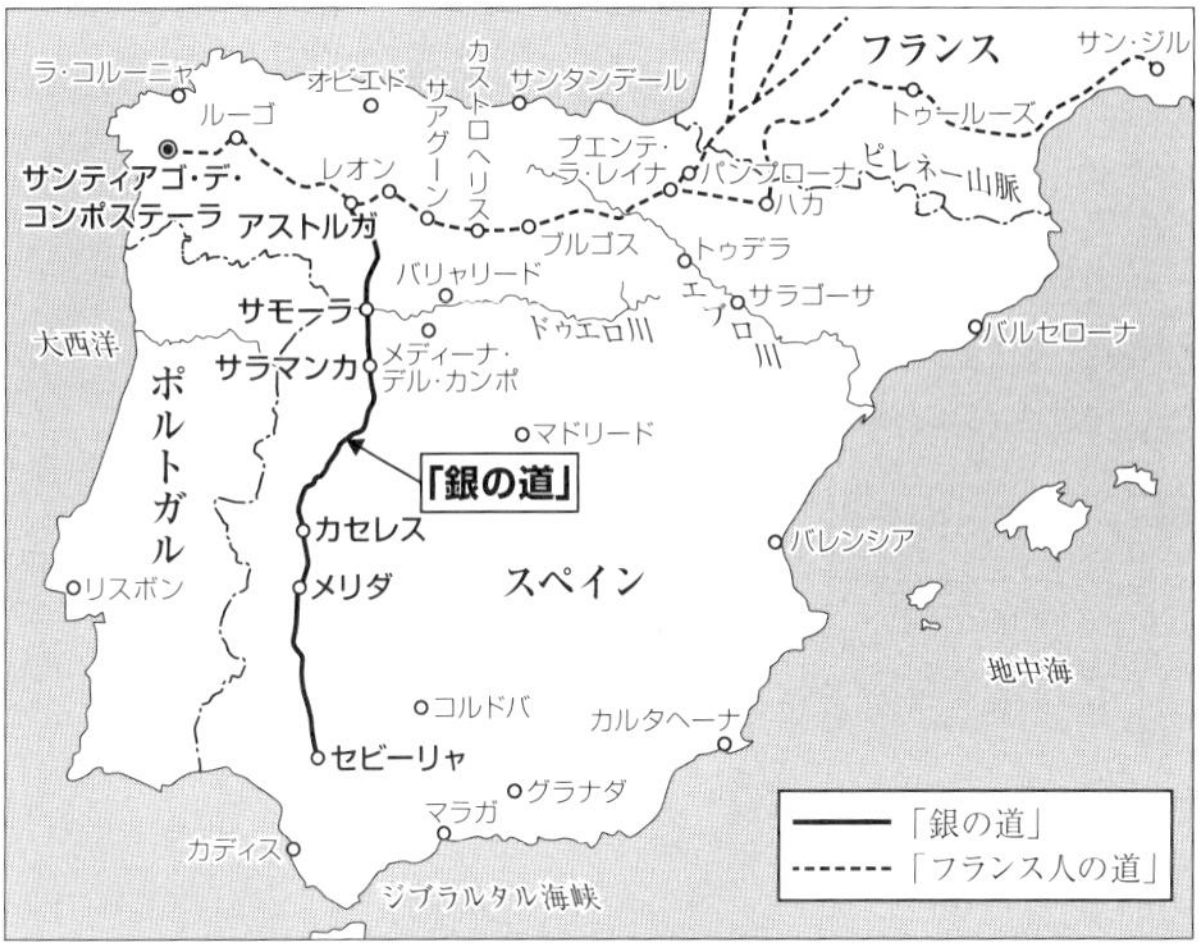

サンティアゴ巡礼路（「銀の道」）

バルト海岸の都市シュトラールズントのハンザ船は、一五〇八年、女性巡礼者を含む百五十人以上のサンティアゴ巡礼者を乗船させて、ガリシア海岸に到着している。中世末期~近世には、フランドル地方の国際商業都市ブリュージュ（ブルッヘ）を介して、カスティーリャ商人とハンザ商人の接触が拡大し、ハンザ船のガリシア往来も一般的となっていた。中世末期のブリュージュには、羊毛貿易のためカスティーリャ商人の大きな居留地が形成されており、ハンザ船によるサンティアゴ巡礼も、こうした状況下で実現したのである。

「銀の道」

「銀の道」はスペイン西部を南北に結ぶローマ道を指し、セビーリャ、メリダ、カセレス、サラマンカ、サモーラを経由して、巡礼路都市アストルガで「フランス人の道」に接合する。スペイン北部のカンタブリア山麓で採掘された金や銀は、このローマ道を通じてスペイン南部の主要都市セビーリャに搬送された。「銀の道」の語源であり、中世にはスペイン南部と西部の住民が、これをサンティアゴ巡礼に利用した。

これらの中でサンティアゴ教会と関係が深いのは、スペイン西部エストレマドゥーラ地方の都市メリダとカセレスである。メリダはローマ時代の主要都市の一つで、本来ここに大司教座が再建されるはずであった。それをサンティアゴに誘致したのが、初代大司教ディエゴ・ヘルミーレスである。

中世スペイン都市の風情を今に残し、世界文化遺産に登録されているカセレスは、巡礼者保護と巡礼者への慈善活動に尽力した、サンティアゴ騎士修道会発祥の地として知られる。カセレス兄弟団に起源をもつサンティアゴ騎士修道会が、サンティアゴ大司教の保護下にサンティアゴ騎士修道会と改名するのは、十二世紀半ばのことであった。サンティアゴ騎士修道会は、アルカンタラ、カラトラバ騎士修道会と並ぶ、中世スペインの三大騎士修道会の一つで、聖ヤコブ像に帆立貝と十字架をあしらったものを旗幟とした。

このカセレス東部にある聖地が、「黒いマリア」を祀ったグアダルーペ修道院である。前述したピラールの聖母や、聖ヤコブと聖母マリアの執り成しによる罪障消滅を歌った十三世紀前半の『聖母マリア賛歌集』にみられるように、聖ヤコブと聖母マリアとの関係は緊密であった。レコンキスタ運動の起点とされるコバドンガでの勝利も、聖母マリアの加護によるものとされ、コバドンガ教会には聖母マリアが祀られている。

十三世紀前半に攻略された、コルドバやセビーリャの司教座ないし大司教座教会も、聖母マリア教会であり、聖ヤコブと聖母マリアとの間には共通点が少なくない。しかも聖母マリアは地母神信仰に代表される民衆信仰に繋がっており、サンティアゴ巡礼が停滞する中世末期以降、グアダルーペ修道院が多数の巡礼者を集めたのは当然といってよい。

十五世紀のグアダルーペ修道院縁起によれば、「黒いマリア」が敬虔ながら貧しい牛飼いの前に顕現したのは、十四世紀前半のことであった。もともとこの聖母マリア像は、紀元後一世紀の福音書記者で、画家の守護聖人ともされる聖ルカの手で彫られたものであったが、ローマ教皇グレゴリウス一世（在位五九〇―六〇四年）により、聖イシドーロの兄でセビーリャ大司教のレアンドロに恵贈された。イスラーム軍の侵攻後、この聖母像は異教徒による破壊を逃れるため、スペイン西部エストレマドゥーラ地方のグアダルーペ山中に隠匿された。

ある時、貧しい牛飼いヒル・コルデーロの牛が、グアダルーペ川の川べりで死んだ。牛飼いが死んだ牛の皮を剝ごうとして、十字の切り込みを入れたところ、聖母マリアが現れ、牛は生き返り、牛飼いの亡くなった子供も蘇生した。ヒル・コルデーロがこの奇跡を人々に告げ、聖母マリア顕現の地を掘ると、黒い聖母マリア像が出現した。この聖母マリア像は病気治癒や死者の復活に効験があるとされ、スペイン全土から多くの巡礼者を集めた。サラード川の戦いでイスラーム軍を破った、アルフォンソ十一世（在位一三一二―五〇年）が、「黒い（聖母）マリア」の加護に感謝し、この地にグアダルーペ修道院を創建したのは、一三四〇年のことであった。

グアダルーペ修道院の「黒いマリア」

インディオと戦うコルテス軍

メキシコの聖地グアダルーペ

病気治癒や危難回避、死者の復活などに効験のあるとされたグアダルーペの聖母マリアは、中世末期から近世にかけて、聖ヤコブと並ぶスペイン有数の守護聖人となった。カトリック両王やコロンブス、エルナン・コルテスが参詣に訪れたのみならず、スペイン人入植者によってアメリカ植民地まで「移植」された。十六世紀のスペイン人は、法と正義に基づく「普遍帝国（スペイン帝国）」の樹立を自らに課せられた使命と観念し、「普遍帝国（スペイン帝国）」を担うスペイン王権の直属下にアメリカ植民地のインディオの「文明化」、即ちキリスト教化を推進した。「文明化」が、インディオの古来の神々の破壊と同義語であったことは、いうまでもあるまい。伝承によれば、アステカ帝国滅亡後の一五三一年、改宗した敬虔なインディオのファン・ディエゴの前に聖母マリアが現れ、マリア教会の建立を司教スマラガに伝えるよう命じた。そこで司教により聖母マリア教会が、テスココ湖西岸のテペヤクの丘に建立された。テペヤクの丘には、インディオの地母神トナンツィンを祀った神殿があり、インディオの伝統的聖地でもあった。

スペインと同様に、「黒い（聖母）マリア」を祀ったメキシコの聖地グアダルーペは、現在、中南米最大の聖地として知られる。それはインディオ教化を目的に、インディオの伝統的聖地をカトリックの聖地と読み替えたものに他ならず、大西洋を越えた聖地の連続性と「移し」は、否定できない。アステカ帝国の征服者コルテスが、エストレマドゥーラ地方の下級貴族の出身であったことは、象徴的である。

アンデス地方の「サンティアゴ巡礼路」

コルテスと同様に、エストレマドゥーラ地方の出身であったコンキスタドールのフランシスコ・ピサロは、インカ帝国を征服する過程で南米に聖ヤコブ崇敬と火縄銃をもたらした。火縄銃を携えたコンキスタドールは、聖ヤコブの加護を求めながら、インカ帝国の征服を進めたのであり、火縄銃と聖ヤコブ崇敬は、インディオとりわけインカ族への服属と貢納を強いられた、アンデス高地のアイマラ族の宗教的心性に大きな衝撃を与えた。アンデス高地のアイマラ族にとって、火縄銃はインカ族やスペイン人の支配から脱し、かつてのアイマラ王国を再建して、エスニック集団としての「自由と自治」を回復する物理的手段と映じたのである。アイマラ族は強烈な音と閃光を発する火縄銃を、「雷の子」聖ヤコブと一体化した武器、「物神化された聖ヤコブ」として受容したのであり、そうした中で聖ヤコブ崇敬も、アイマラ族の間に広範に浸透したのであった。

インカ帝国が崩壊した十六世紀前半以降ペルー副王領でも、ドミニコ会やフランチェスコ会、イエズス会などによりインディオへの布教活動が展開される。アイマラ族をはじめとするインディオは、表面的な改宗の一方で、十六世紀末〜十七世紀に入っても異教の神々や伝統的な習俗を保持し続けた。網野氏の研究によれば、十七世紀のアンデス地方では、インディオの誕生や死、祝祭がカトリック暦により刻まれる一方、病気治癒や豊穣祈願にあたっては、伝統的な異教の神々や祖先への供儀が実践されていた。伝統的宗教儀礼は、多くのインディオの内面を確実にとらえており、カトリック教会による偶像崇拝根絶巡察をもってしても、その廃絶は容易ではなかった。

こうしたインディオの異教の神を代表するのが、病気治癒、豊穣、光と雨、戦勝などを司るアイマラ族の主神イリャーパ神である。やがてイリャーパ神は聖ヤコブと習合し、タタ・サンティアゴとなる。タタとはアイマラ語で特別に崇敬された守護聖人をさしており、聖ヤコブがアイマラ族の間に広く受容されたことを傍証する。一六二五年にイエズス会がチチカカ湖畔に聖ヤコブを祀った教会を建設し、アイマラ族教化の主要手段としたのも、聖ヤコブ崇敬の浸透（より正確にはイリャーパ神との習合）なしには、現実的意味をもたなかったであろう。

現在でもチチカカ湖周辺のアンデス高地には、聖ヤコブを祀った、あるいは聖ヤコブの名を冠した約七十の教会と集落があり、「サンティアゴ巡礼路」も建設されている。アンデス高地の巡礼路教会には、ボリビア、ペルー、チリ、エクアドルなどから多数のインディオ巡礼者が訪れており、シンクレティズムに支えられた聖ヤコブ崇敬とサンティアゴ巡礼の拡大、別言すればサンティアゴ巡礼の「移し」を窺わせる。

インディオの改宗

二　巡礼者たちの素顔

巡礼の動機

巡礼の動機は時代により、また巡礼者により変化したが、十三世紀までは現世利益を内包した宗教的動機が優越したといわれる。十三世紀までのサンティアゴ巡礼に関する史料は、その大半が教会・修道院文書で占められていたためでもあった。俗人の手になる俗語史料が増加する中世末期～近世には、宗教的動機を基本としつつも、「観光」や慈善といった現世利益が前面に押し出され、自発的意思によらない「強制巡礼者」や代参も増加した。

宗教的動機としては、永遠の救済や贖罪が重要であり、現世利益の中心となったのは、病気治癒や子授け、危難回避、政治・軍事的勝利などであった。聖ヤコブが十二使徒最初の殉教者、従って神に最も愛された聖人とされたことから、聖ヤコブの遺骸が贖罪と来世での救済の上で効験があると見なされたのは、当然といえよう。この点で興味深いのは、『奇跡の書』や代参契約書、中近世の巡礼歌であり、これらは聖ヤコブの執り成しによる贖罪と救霊を巡礼の第一義的目的とした上で、危難回避や病気治癒、子授けを頻繁に取り上げている。

十二世紀の『奇跡の書』は、一般信徒に読み聞かされることを前提にしており、巡礼の動機を知る上で貴重な史料である。『奇跡の書』は二十二話中に二十四の奇跡譚を収載しているが、その内訳は危難回避十三、病気治癒四、死者の復活三、贖罪一、子授け一、その他二である。奇跡的危難回避の中には、ムスリムの戦争捕虜からの解放、海難事故の回避が含まれ、それらの一部は誓願成就後のサンティアゴ教会へ

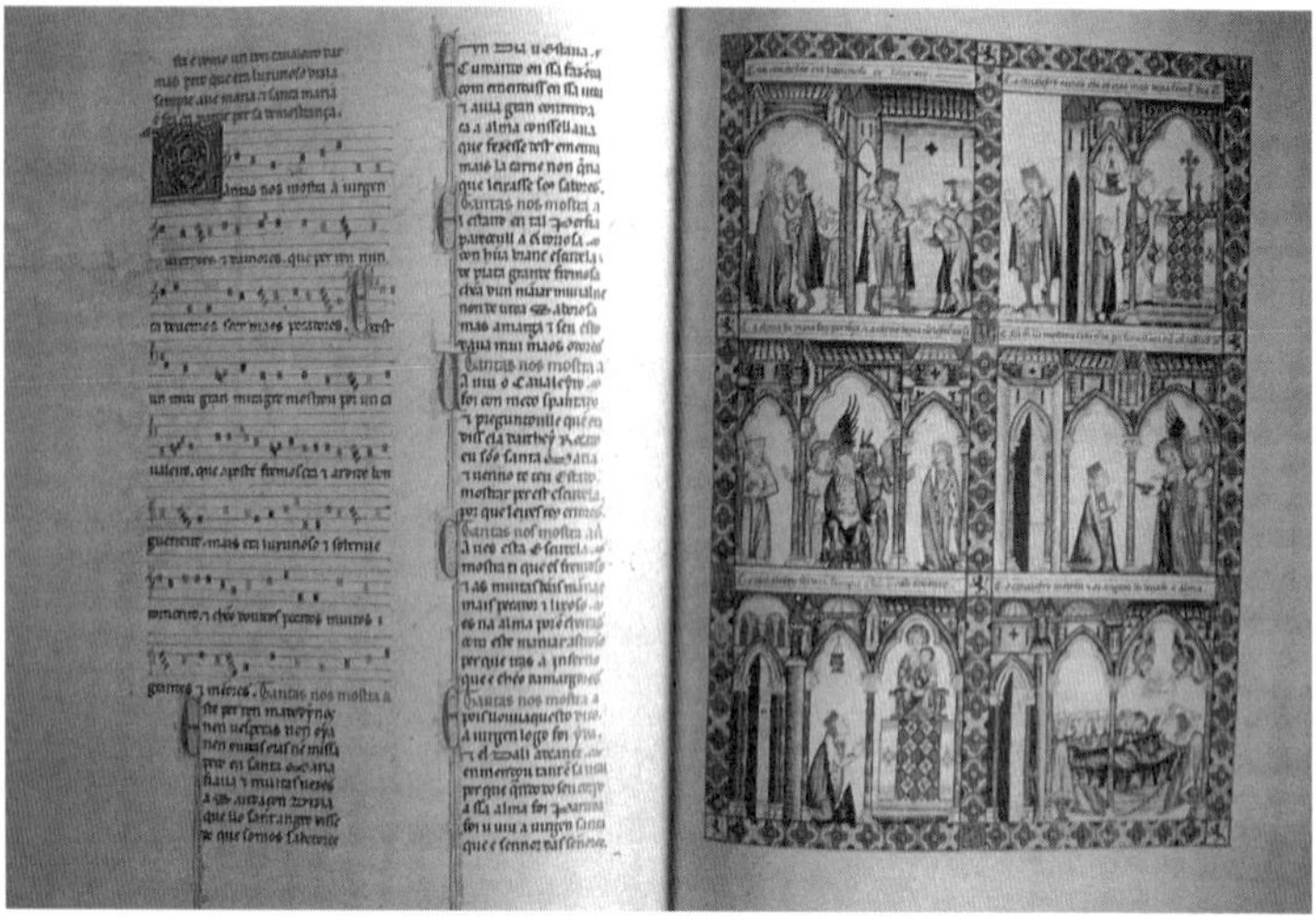
13世紀の『聖母マリア賛歌集』

の巡礼行と連動している。
代参雇用者には支配層の既婚女性が多数確認され、彼女たちは子授けや病気治癒、死別した夫の霊的救済のために、代参を派遣している。
中近世の巡礼歌も、聖ヤコブの病気治癒と子授けの奇跡をユーモラスに歌う。

「(聖地) サンティアゴから戻ると、
聾者と唖者が連れ立って、
唖者はカササギのように喋る、
聾者は考えた。ああ慈悲深く偉大なる聖人様、
私の両耳を塞ぎ給え、
ああ偉大なる聖ヤコブ様、私を救い給え」

「(聖地) サンティアゴから戻ると、
子持たずの夫が、
いかに短期間 (の巡礼行) とはいえ、
帰ってみると二人の子持ち、
ああ偉大なる聖ヤコブ様、私を救い給え」

ここに端的に歌われているように、聖ヤコブは人々の内面的苦悩、深刻な苦難だけでなく、日常的悩みにも寄り添う身近な聖人と目されたのである。だからこそバルセローナなどの都市役人は、ペストや旱魃といった災危退散を目的に、サンティアゴ教会に参詣したのであり、第二回十字軍兵士やアルフォンソ六世、カトリック両王をはじめとする歴代カスティーリャ王も、戦勝祈願のためサンティアゴ教会へ参拝した。カトリック両王はグラナダ攻略後、聖ヤコブの執り成しに感謝して、サンティアゴ教会の西門前に多数の巡礼者を収容できる、王立施療院を建設したのであった。

病気や自然災害、戦争や内乱、社会的不正の拡大が、「神の怒り」によるとされた中近世にあって、巡礼者は「観光」を含めた現世利益と宗教的動機を綯交ぜにしながら、サンティアゴ教会に赴いたのである。

「医療空間」（巻末の「サンティアゴ巡礼路の主要ハーブと薬効一覧」参照）

巡礼の動機として軽視できないのは、サンティアゴ巡礼路が病気治癒のための「医療空間」としても機能した点である。サンティアゴ巡礼路には、教会・修道院や兄弟団などの運営する巡礼者のための施療院があり、そこで病気や怪我をした巡礼者への無料の医療行為が行われた。

キンミズキ

スイバ

医療行為とはいっても、治療以上に神への祈りが重視され、現代の臨床医学と大き

サン・アントン修道院（カストロヘリス）

な落差があることは否めないが、それでも各地に自生する様々な薬草（ハーブ）を併用した医療行為が実践されていた。ファン・ムガルサの研究によれば、サンティアゴ巡礼路には、約七十種類の薬草が自生していたという。例えばスイバとキンミズキ、カタバミは、腫瘍、耳の痛み、長旅による足の痛み、口内炎、下痢に効能があり、赤バラとサルビアは疲れ目や喉の炎症、疲労回復と虫刺されに効用があるとされた。民衆が日常的に摂取していたニンニク、クレソン、玉葱も同様で、腫瘍やリウマチ、血腫に薬効があると信じられた。同時にイエスの故事に倣い、施療院ではバラやサルビア水を使った巡礼者への洗足サービス（洗足治療）も実践されていた。一九八〇年代後半以降、近代的医療を補完するものとして、ハーブを基幹生薬とした植物治療が再評価されていることは、前近代医療の限界と有効性を考える上で興味深い。近代的医療制度の下で、民間療法として貶められてきたハーブ治療。その強い生命力を感じずにはいられない。

サンティアゴ巡礼路には初期中世以来、モサラベ（ムスリム支配下のキリスト教徒）聖職者が定住し、先進的なイスラーム医学を紹介、実践していたし、ヨーロッパ全域から多くの巡礼者が集まり、民間療法の叡智も集積された。その典型が、巡礼路都市カストロヘリス――ブルゴス西方の小都市――近郊の赤茶けた小高い丘の上に屹立するサン・アントン修道院である。巡礼者向けの施療院を付設した同修道院は、病気予防や危難回避に効験があるとされたパンを巡礼者に給付したのみならず、食餌療法を用いて麦角中毒――麦角菌の付着した麦類を摂取したことにより、発症する中毒症状――の治療に大きな役割を担った。このようにサンティアゴ巡礼路では、アンダルス（イスラーム・スペイン）や西ヨーロッパ各地の医学情報が集積、応用されていたのであり、『サンティアゴ巡礼案内』や巡礼歌に歌われた病気治癒の奇跡譚は、全く根拠を欠いた言説ではなかったのである。

民衆が主に利用した、十七世紀のサンティアゴ王立施療院の宿泊者を例にとれば、健常者よりも罹患した巡礼者の方が多く、巡礼者の死亡率も高かった。医療サービスが、支配層にほぼ独占されていた中近世の民衆にとって、サンティアゴ巡礼路は「医療の社会化」も意味したのである。これについては、第六章で改めて言及することにしたい。

巡礼者の出身地

十二世紀の『奇跡の書』によれば、聖地サンティアゴには全世界から巡礼者が蝟集し、ヨーロッパ全域のキリスト教徒のみならず、インド人やエチオピア人、エジプト人、シリア人、ユダヤ人なども参詣に訪れたとされる。これが『奇跡の書』を編纂したサンティアゴ教会による、捏造ないし誇張であることはいうまでもないが、中世末期～近世には、スウェーデンの聖女ブリギッタのサンティアゴ巡礼、バルト海沿岸の都市シュトラールズントからの巡礼者の例にみられるように、北欧や東欧にまで誘致圏が拡大していたことは間違いあるまい。中近世の巡礼者の出身地を窺わせる史料は少ないが、十八世紀のアストゥーリアス地方の施療院記録によれば、同施療院で受け入れた病気の巡礼者三百四人のうち、外国人は百九十八人、スペイン人は百六人であった。

トゥールの聖マルタンの墓所で祈る巡礼者

外国人の中で最も多いのは、フランス人の九十八人、次いでイタリア人四十七人、ドイツ人二十一人であり、少数ながらハンガリーやポーランド人、ポルトガル人も含まれていた。ポルトガル人巡礼者が少ないのは、この施療院がアストゥーリアス地方というポルトガルから離れた辺鄙な地に立地していたためであろう。十九世紀のサンティアゴ王立施療院記録によれば、外国人ではポルトガル人、フランス人巡礼者が多く、スペイン人巡礼者の中で最も多かったのは、ガリシア地方やその近辺のレオン、アストゥーリアス地方の出身者であった。これらの数値が中近世にもあてはまるとすれば、サンティアゴ巡礼者の主要出身地は国内ではガリシア地方、国外ではフランス、ポルトガル、イタリア、ドイツということになる。

性別・年齢構成

性別についていえば、男性原理の支配的な巡礼行の中での、女性巡礼者の比率が問題となる。十六世紀のレオンのサン・フロイラン施療院では、巡礼者向けベッド数は男性四に対し女性は二、サンティアゴ王立施療院にあっては、男性ベッド百二十三に対して女性のそれは五十八であった。規模は全く異なるものの、二つの施療院の男女別ベッド比率はほぼ二対一で一致する。この二対一の男女比率が現実を反映しているとすれば、男性巡礼者が全体の三分の二、女性巡礼者が三分の一という計算になる。

旅の危険や家事・育児が女性の参加を制約したにしろ、また寡婦を含めた女性巡礼者の多くが、家族や親族とともに移動しているとはいえ、三割程度の女性巡礼者が存在したであろうことは注目してよい。

巡礼者の既婚・未婚の別については、十九世紀のサンティアゴ王立施療院記録が、多少の手掛かりを与えてくれる。それによれば既婚者と独身者、寡婦（寡夫）の比率は四対四対二で、寡婦や子供連れの巡礼者も少なくなかった。寡夫よりも寡婦の比率が高いのは、寡夫の再婚率の高さと関係しているのかもしれない。子供連れの巡礼者の場合、成人後の子供が再び巡礼者（リピーター）となる確率が高まる。

レオンのサン・フロイラン施療院

年齢構成に関しては不明な点が多く、巡礼者の名前、職業、年齢などが記載されるようになった十八～十九世紀の施療院記録からの推定に頼らざるをえない。十九世紀のサンティアゴ王立施療院を例にとれば、巡礼者の多くは四十～六十歳代、平均年齢は四十五歳であった。『奇跡の書』には妻子を伴った巡礼者や、親子二代（息子の年齢は十五歳）にわたる巡礼者、要するに巡礼の世代間継受の事例がみられることから、中近世にあっては巡礼者の平均年齢はもっと低かった可能性もある。サンティアゴ巡礼者数が底点に達した十九世紀からの類推にすぎないとはいえ、中近世――平均寿命は三十～三十五歳、その後の平均余命は二十～二十五年といわれる――にあっても、巡礼者の平均年齢が四十五歳であったとすれば、巡礼者の多くは中高年ということになる。中近世のヨーロッパ世界でも、死を意識し始める中高年が、巡礼者の多数を占めたのであろうか。

職業・身分構成

教会法では奴隷や隷属民、子供、夫の同意のない妻は、巡礼に参加することはできなかったが、現実には巡礼者の職業・身分構成は多様であった。サンティアゴ巡礼者として、国王、貴族、聖職者、商人、手工業者、医者や公証人などの自由業従事者、奉公人、貧民、バガボンド（浮浪者）、兵士、船員、病人、吟遊詩人、「強制巡礼者」、娼婦など、様々な人々が確認されるからである。

中近世の巡礼者の職業・身分構成に関しては、定量分析史料が欠けているため、不明な点が多いが、商人と手工業者、ガリシア地方の農民などの民衆、奇跡を期待する病人、慈善を求める貧民が巡礼者の多数を占めたものと思われる。『奇跡の書』には奇跡対象者として、貴族、商人、手工業者、船員、農民など多様な職業・身分の人々が登場し、誓願成就に際し、サンティアゴ教会に巡礼する奇跡対象者が散見される。サンティアゴ教会によって編纂された意図的な史料ではあるが、巡礼者の職業・身分構成の一端を窺わせる。農民の多くは土地に緊縛されていたが、旅費を工面することのできた農民、とりわけガリシア地方の農民は、秘蹟に準じた宗教的営為としての巡礼行に参加することができた。

中近世のサンティアゴ巡礼路に多数設置された施療院も、多くの民衆の参加を傍証する。一般に国王や貴族、高位聖職者などの封建制社会の支配層に属する巡礼者や、有力市民に代表される富裕な巡礼者は、質素な施療院ではなく、国王や貴族の邸館や城塞、修道院、有料の宿屋を利用した。質素だが無料の施療院を利用したのは、民衆に他ならず、それが多数開設されていたことは、商人、手工業者、農民、貧民などの民衆が、巡礼者の多数を占めていたことを示唆するものである。

ところで中世末期～近世スペインのコルテス（身分制議会）条例や施療院規約は、貧民とりわけ健常者でありながら、慈善に頼って生きようとする「偽貧民」や「偽巡礼者」の施療院からの排除を命じている。一五七九年のレオンのサン・フロイラン施療院規約によれば、「そこ（施療院）にはバガボンド（浮浪者）や邪な者ではなく、真に愛を実践し、善良であるが貧しい者、汚染されていない者が受け入れられるべきだ」という。こうした条例や規約は、「偽貧民」や「偽巡礼者」の増大を前提にしており、巡礼者の中で貧民の占める比重が増加したことを、意味するものであろう。

巡礼杖と頭陀袋の祝福

参入儀礼と巡礼者の服装

中近世ヨーロッパにあって巡礼は、告解の秘蹟に準ずる禁欲的実践であり、既成社会の通過儀礼ともみなされた。従って巡礼者は、所定の参入儀礼を経て「聖なる空間」の旅人となる必要があり、巡礼行の間、巡礼者の家族と財産は教会の保護下に置かれた。

発心した巡礼者は、旅費を工面し服装を整え、多くの場合、「不帰の客」となることを想定して、物的世界からの離脱を象徴する遺言状を作成した。出発時に遺言状を作成していなくても、巡礼行の途上で発病し、遺言状を作成するケースも多々見られた。

出発に先立ち巡礼者は、貧民救済などの慈善活動を行い、親

中世のサンティアゴ巡礼者

族や知人と共に、教区教会で告解をしてミサに与った。巡礼者が神の祝福を得るには、内面的安寧が必要であり、敵との和解や簒奪した財産の返還が不可欠とされたためである。その上で司祭から、「多くの敵を打破し、聖ヤコブの御前に無事到着できるよう、巡礼行とそこでの苦難の支えたるべし」として、巡礼杖と頭陀袋の祝福を受け、巡礼証明書を手交された。

男性巡礼者は外衣もしくはペルリーヌ（防寒・防水用の革製肩掛け）、上着、ズボン、頭巾、鍔広の帽子、長靴を着用し、頭陀袋と巡礼杖を持った。女性巡礼者は外衣、男性のものより長い上着、スカート、頭巾の代わりに被り物あるいはベールを用い、その上に帽子を被ることもあった。女性巡礼者も男性と同様に、頭陀袋と巡礼杖を携えた。

外衣の色は半俗半聖の身分を象徴して、褐色を原則とした。頭陀袋には巡礼証明書、為替手形や貨幣、食料（干し肉、パン、果物など）、下着、ナイフ、火打石などが詰め込まれた。頭陀袋の口は、全てを与え全てを受け入れる「神の貧民」に相応しく、紐なしであった。頭陀袋は死んだ家畜の皮で作られたが、それは現世の儚さと危うさをシンボライズしていた。

悪魔の誘惑やアウトロー、狼からの自衛手段であった巡礼杖の先端には、瓢箪が吊るされ、水やワインが入れられた。巡礼杖と瓢箪は、豊穣と内面的純化の象徴であり、巡礼杖は三位一体と男性の性的シンボルでもあった。瓢箪の代わりに豚の膀胱や革製の水筒が利用される場合もあったし、巡礼杖にはナイフで刻みを入れ、巡礼行の日数を数えた。

こうして「神の貧民」としての内的外的表象を整え、参入儀礼を終えた巡礼者は、親族や知人、ギルド仲間、司祭、後述する聖ヤコブ兄弟団員などに、町はずれまで見送られて出立した。雨乞いや疫病退散のため、都市を代表して送られる巡礼者にあっては、都市を挙げての盛大な参入儀礼と送別が行われた。

巡礼者が聖地サンティアゴで購入し、帰路に外衣や帽子に付した金属製――多くは錫や鉛を使用――帆立貝は、女性の生殖機能と豊穣、巡礼者の復活と再生のシンボルであった。識字率の低い中近世ヨーロッパ社会にあって、それは巡礼証明書の代用ともなった。地中海世界では古くから、貝殻（二枚貝）が再生と誕生の象徴として利用されてきており、海、ヴィーナス、アフロディテを想起させる帆立貝が、巡礼者の回心、復活と誕生の記号とされたとしても、何ら不自然ではない。帆立貝の利用の中に、異教的習俗との融合を見て取ることもできる。

巡礼杖と帆立貝は、男女両性の統合、別言すれば、両性を具有する原初の人類アンドロギュノスもしくはアダムへの回帰を象徴してもいる。『創世記』によれば、神は最初にアダム（男性）を、次いでアダムの肋骨からイヴ（女性）を創られた。従って始原の人類たるアダムは、男女両性を具有するアンドロギュノスに他ならないのである。

巡礼者への販売に先立ち、サンティアゴ教会の主祭壇前に置かれた金属製帆立貝には、聖ヤコブの霊力が転移しているとされ、軽くて安価なこともあって、護符などの土産物として最適であった。金属製帆立貝が、ヨーロッパ全域に拡散した背景である。

三　巡礼講と「苦難の長旅」

巡礼講の理想と現実

旅の危険と長旅の孤独を回避するため、巡礼者は通常、出発地点あるいは旅の途上で、数人から数十人規模の巡礼講を組織した。その規模は巡礼者の階層によっても変化し、封建制社会の支配層の場合、医者や聖職者、奉公人などを帯同させたため、数十人規模に達した。

出発地点で講を組織するときには、言語や習慣を共有する同一都市や同一地域の巡礼者を募り、日時を決めた上で、パリのサン・ジャック門――サンティアゴ巡礼路の出発点として名高い――のような特定の場所に集合したものと思われる。その一方で、各地方から集まった巡礼者が、巡礼路の合流地点で自発的に講を組織することも稀ではなかった。

巡礼講の結成

『奇跡の書』によれば、フランス北西部ロレーヌ地方の三十人の騎士は、出発地点で「相互扶助と忠誠」を約した巡礼講を編成する一方、同じロレーヌ地方の三人の騎士は別の講を組織し、巡礼行の途中で知り合った女性巡礼者を同道させている。家族や友人、知人、仕事仲間、女性も包み込んで自発的に組織された講は、相互扶助と自衛のための一時的な社会的結合であり、巡礼行達成と共に解消された。

巡礼行にあたっては、講仲間から選出された先達の指揮下に全成員が結束し、施療院などを利用しながら「苦難の長旅」の完遂を願った。聖ヤコブを讃える巡礼歌も、講仲間の結束強化と士気の鼓舞に寄与したに違いない。

「これら（二人）の敬虔なフランス人巡礼者、
二人は誓約する、
互いに生死を共にすると、
どんな逆境にあっても、
いずれにも降りかかる、
苦難の中で」

巡礼講については、文化人類学者ビクトール・ターナーの定義が良く知られている。既成社会から離脱し、内面の純化を求める巡礼者のコミュニタス（共同体）、既成社会とは異なる価値観に支えられた、一時的な社会的結合がそれである。

だがこの定義はあまりにも理念的で、講仲間の反目と対立、傷害事件や窃盗事件の多発など、巡礼講を取り巻く歴史的現実の多くが、捨象されている。行く先々で食料や鶏を盗む巡礼者、途中で没した講仲間の所持品を簒奪する巡礼者は、その好例である。それどころか、講仲間を殺害する巡礼者すら確認される。巡礼者は既成社会を離脱した「神の貧民」のはずであるが、現実には規制社会の価値観に拘束され、その中で生きているのであり、それは巡礼者の社会的結合としての巡礼講も同じであった。

脱俗した巡礼者のユートピア、封建制社会にあって数少ない水平的な社会的結合として巡礼講を理想化

アルフォンソ10世

するのではなく、王権や都市当局、教会の保護を受け、歴史的現実と宗教的理想の狭間を生きた社会的結合として、巡礼講を捉え直す必要があろう。

旅の危険

巡礼行には、多くの危険が付きまとった。自然の難所、病気や怪我に加え、言語や習慣の異なる異境の地で、様々な不法行為に晒されたからである。

「神の貧民」としての巡礼者は、王権や教会、都市当局の保護下に置かれ、免税特権や不逮捕特権、遺言状作成権を保障された。十三世紀後半にカスティーリャ王アルフォンソ十世（在位一二五二―八四年）により編纂された『七部法典』によれば、「巡礼者は巡礼行に携える駄獣と財産に関する、別の特権を有する。それら（駄獣と財産）について巡礼者は、流通税を支払う義務はなく、それらを（カスティーリャ王国から持ち出しても、いかなる税も支払う必要がない」。「……余の王国のいかなる者といえども、敢えてそれほどの不正（巡礼者の所有財産の簒奪）を働いてはならない。いかなる場合であれ、巡礼者が自由に遺言状を作成するのを妨げ、また反対してはならない」とされた。

だが実態は全く異なり、これらが保証されなかったのみならず、言語や習俗、度量衡の相違を背景に、巡礼者は多種多様な不法行為の犠牲となった。

『聖ヤコブの書』第一巻の『ミサ説教集』、十三世紀の『カスティーリャのフエロ（特権）の書』、十五世紀のサン・イシドーロ修道院文書は、巡礼者への様々な不法行為に言及している。都市役人による流通税の不法徴収、宿屋や居酒屋での窃盗と度量衡違反、客死した巡礼者の遺品着服、宿屋と結託したアウトローによる金品強奪、混ぜ物をした飲食物を提供する居酒屋、粗悪な蠟燭や手袋を売りつける蠟燭職と皮革職、下剤の混じった薬を販売する医者、両替商や商人による両替手数料・度量衡違反などがそれである。『ミサ説教集』から不正行為とその手口を、幾つか拾い上げてみよう。

ある宿泊業者は、都市の入り口で巡礼者を待ち受け、宿屋で厚遇すると約束しながら、巡礼者を粗略に扱う。別の宿泊業者は、良質のワインを試飲させて、質の悪いワインを売りつける。あるいは数日前に

サンティアゴ巡礼路の難所の１つセブレイロ峠（ガリシア地方）

調理した肉料理や魚料理を出し、巡礼者を罹患させる。悪辣な居酒屋に至っては、巡礼者を毒殺して所持品を強奪する。宿屋内に飲料水を置かず、喉の乾いた巡礼者に、ワインを買わせる宿泊業者もいれば、偽造貨幣を巡礼者につかませる詐欺師、聖地サンティアゴ郊外で巡礼者を待ち受ける娼婦も少なくなかった。

巡礼者に食事を振るまい、篤実な宿泊業者になりすまして、巡礼者を信じ込ませ、高値で蠟燭を売りつける宿泊業者もみられる。巡礼者がサンティアゴ教会に多くの蠟燭を奉納するため、蠟燭の需要は大きく、それが蠟燭詐欺の温床となった。一部の詐欺師は、司祭服を纏って巡礼者の信仰告白を聞き、贖罪と称して金品を巻き上げる。腕に兎の血を塗り、顔や唇をユリ科の植物で黒くし、怪我人や病人を装う者もいる。巡礼者の同

サンティアゴ巡礼路（カストロヘリス近郊）

情を誘い、金銭を得るのが目的である。宿屋の奉公人が宿泊業者と結託し、宿泊料金の中に含まれている、馬の飼料をくすねるケースも報告されている。

現代社会に置き換えてみても、何ら違和感のない不正行為・詐欺行為の数々である。こうした不法行為が横行するからこそ、十三世紀前半のカスティーリャ王国の法書『フエロ・レアル』は、「それゆえ余（アルフォンソ十世）は、いかなる者といえども、彼ら（巡礼者）に暴力や害悪、悪行を働いてはならないことを命じる」とし、巡礼者保護を規定しているのである。

日数と旅費

冬場に巡礼行を行う者も見られたが、多くの巡礼者は四～五月に生地を出発し、春から夏にかけて巡礼行を実践した。日照時間が長くなり、温かさに向かう時期で、ピレネー山中のシーズ峠やソンポール峠、ガリシア地方のセブレイロ峠などの難所越えや川越えが容易になる季節であった。

それはまた、食料品や飼料が豊富になり、移動に適した時期でもあった。二圃農法地域のスペインでは、冬小麦の収穫時期は六月ごろであり、最も多くの巡礼者が押し寄せる夏場には、パンの価格は下落した。飼料価格は決して安くはなく、そのため十二世紀の『ミサ説教集』は、巡礼者の購入した家畜用飼料が、宿泊業者と結託した奉公人によって盗まれる危険があると警告している。

もともと聖ヤコブの遺骸の移葬日は七月二十五日、埋葬日は十二月三十日であった。アルフォンソ六世時代にグレゴリウス改革の一環として、西ゴート（モサラベ）典礼からローマ典礼に典礼形態が変更されると、七月二十五日が殉教日、移葬日は十二月三十日に移された。ここには移動しやすい夏場に最大の祭日（殉教日）を設定し、より多くの巡礼者を集めようとのサンティアゴ教会の意図が働いていた。

七月二十五日が日曜日にあたる年は、聖年とされ、とりわけ多くの巡礼者を集めた。例えば一四三四年の聖年には、カスティーリャ王フアン二世（在位一四〇六—五四年）がフランス、ドイツ、イタリア、東欧、北欧から来訪する多数の巡礼者のための王令を発布し、巡礼者の身体と財産の安全を保障している。

サンティアゴ巡礼路沿いに建つエウナテ教会（ナバーラ地方）

巡礼行に要した日数は、移動時期や移動手段にもよるが、中世末期の徒歩巡礼者の場合、パリからでも往復三～四か月以上かかった。これは徒歩巡礼者の一日の踏破距離を三十～四十キロメートルとした場合の日数であり、さらに多くの日数を要した巡礼行も少なくない。徒歩巡礼者の踏破距離は、平地か山岳地帯か、川に橋が架かっているか否か、また巡礼者の疲労度などにより大きく左右された。十五世紀前半、アントワープのある住民は三か月で聖地サンティアゴまで往復したが、ネーデルラントの「強制巡礼者」は、往復に少なくとも六か月を見積もらなければならなかった。馬で移動した十五世紀初頭の貴族にあっても、一日の踏破距離は四十キロメートル強であり、健脚の徒歩巡礼者と大差はなかった。

旅費——日数や移動手段により変動した——については、憶測の域を出ないものの、巡礼行に六か月以上かかった十五世紀のネーデルラント人巡礼者にあっては、手工業者の年収の半分近くにも達した。十四世紀のフランドル地方の有力都市ヘント（ガン）から、聖地サンティアゴに赴いた代参の料金は十二リーブル。当時のヘントの下級裁判所執達吏の年収が七リーブルであり、この場合、旅費は年収の一・七倍という計算になる。

民衆にとって旅費の調達は、決して容易ではなかったであろう。そのため土地を売却、もしくは親族などから借金をして、巡礼行を実践する巡礼者も散見される。一六四五年に兄弟から二十リーブルの旅費を借り受けて、巡礼行を実践したフランス人巡礼者は、その一例である。

中世後期〜近世に入ると、より安全な支払い手段として為替手形が利用された。巡礼者は出発時に動産や不動産を担保に、有力銀行や国際的な騎士修道から為替手形を発行してもらい、それを巡礼路都市で現地通貨に換え旅費に充てた。為替手形を発行した騎士修道会としては、テンプル騎士修道会がよく知られている。生地への帰還後に清算し、残金があれば返還を受け、欠損が生じた場合は、巡礼者が有力銀行や国際的な騎士修道会に現金などを振り込んだ。

帰路のもつ意味

聖地サンティアゴに到達した巡礼者は、郊外のラバコーラ川で沐浴し、「喜びの丘」を経て、主として巡礼路門から「聖なる中心点」に足を踏み入れた。十二世紀の『サンティアゴ巡礼案内』によれば、ラバコーラ川の近辺で「サンティアゴへ向かうフランス人巡礼者は衣服を脱ぎ、聖ヤコブに敬意を表して、局部のみならず、体全体の汚れを洗い落とすのを習わしとしていた」。

市内の施療院や宿屋に身を落ち着けた巡礼者は、沐浴して再び体を清め、清潔な衣服に着替えた後、巡礼行で擦り切れた衣服を、サンティアゴ教会南門近くの「ぼろ布の十字架」に吊り下げた。巡礼者の多くは長旅による汗と埃、臭いを集積させており、こうした清浄儀礼を不可欠とした。その上で巡礼者は、聖ヤコブに奉納するための蠟燭を購入し、翌日、北門からサンティアゴ教会に入る。サンティアゴ教会内で焚かれる香炉（ボタフメイロ）が、巡礼者のための清浄儀礼の一つであることはいうまでもない。

サンティアゴ教会で巡礼者は、聖ヤコブの遺骸――大理石の棺に納められ、十二世紀までは拝観できた――を祀った主祭壇の前で祈り、聖ヤコブとの疑似封建関係に基づいて、蠟燭やオリーブ油、金銭などを奉納した。巡礼者は聖ヤコブの「封建家臣」であり、聖ヤコブからの保護の代償に、それらを奉納する義務を負った。病気治癒を祈願する巡礼者の場合は、患部を象った蠟燭を奉納するのが通例であった。蠟燭（光）は神の象徴であり、宗教儀礼上、重要な意味をもつ「蠟燭文明」の表象であった。

聖ヤコブの黒玉細工

巡礼者は次にスペイン語、フランス語、イタリア語、英語、ドイツ語による聖遺物の縁起説明、告解や聖体拝領の秘蹟に与り、ミサに参列して、有料で巡礼行達成証明書（コンポステラーナ）の交付を受けた。ことに「強制巡礼者」は、帰郷後に巡礼行達成証明書を都市当局に提出しなければならず、その取得は不可欠であった。人格変容と聖遺物の旅は、サンティアゴ教会において頂点に達したのである。

「聖なる中心点」に数日留まり、サンティアゴ教会などを訪れた巡礼者は、聖ヤコブのシンボルである金属製帆立貝や黒玉細工――精神疾患や毒物に効能があるとされた――を買い求め、帰路に必要な食料品、衣服、靴などを購入した。通常、巡礼者は聖ヤコブゆかりのエル・パドロンまで足を延ばし、聖ヤコブの遺骸の置かれた「奇跡の岩」に触れると共に、海岸で帆立貝を拾い集めて帰路に就いた。十三世紀の『黄金伝説』によれば、聖ヤコブの弟子たちが「奇跡の岩」の上に聖ヤコブの遺骸を置いたところ、「聖なる遺骸の重みで蠟のようにくぼんで、棺の形になった」。この「奇跡の岩」をケルトの民衆信仰に遡らせて解釈する、研究者も少なくない。

サンティアゴ巡礼路は物理的には直線運動であったが、内面的には往路と帰路の意味は異なり、楕円運動の感があった。サンティアゴ教会に参詣し、聖ヤコブに祈った巡礼者は、故郷での歓待を期待して道を急いだ。それはもはや巡礼者の心性ではなく、旅人の心性であった。「聖なる中心点」に接し、聖性を強化した巡礼者が、世俗的心身を回復する過程、別言すれば「精進落とし」の過程が帰路であり、そこでは余暇ないし「観光」の側面が顕在化する。帰路のもつ意味が、個々の巡礼者により異なることはいうまでもないが、一般に帰路が世俗化の旅であることは注目してよい。帰路は西から東への旅であり、それは日没（死）から日の出（生）へ向かう再生の旅を象徴しているのである。

聖ヤコブ兄弟団

帰郷した巡礼者は、世俗世界への再参入儀礼として、教区教会で感謝の祈りを捧げ、親族、知人、ギルド仲間などと共にミサに参列した。この儀礼により巡礼者は、既成社会の一員として復帰した。巡礼者は人格変容を遂げた者とみなされ、人々の敬意を集めたばかりか、多くの民衆がその恩恵に与ろうと、巡礼者の衣服にタッチしたのである。

こうしたサンティアゴ巡礼者が組織したのが、国際的兄弟団として知られる聖ヤコブ兄弟団（信徒会）であった。聖ヤコブ兄弟団は聖ヤコブを守護聖人として、聖地サンティアゴ、ブルゴスなどの巡礼路都市とフランス、イタリア、ドイツ、ネーデルラント、フランドル地方の主要都市で結成された、中近世ヨーロッパを代表する国際的な社会的結合である。わけても重要なのは、パリ、フィレンツェ、ハンブルク、アウクスブルク、ヘント（ガン）などの聖ヤコブ兄弟団であり、例えば十四世紀半ばのパリの聖ヤコブ兄弟団は、約八百人の会員を擁した。

ドイツの聖ヤコブ兄弟団

この聖ヤコブ兄弟団の正会員は、サンティアゴ巡礼行を達成した男女巡礼者を基本とし、その他多くの有力住民を含んでいた。正会員の多くは男性の都市住民であったが、農民や女性も少数ながら含まれており、階層、居住地、性別の多様さの点で開放的な社会的結合とすることができる。しかも一部の都市にあっては、巡礼行の費用を入会金として支払う者や代参すら認めており、兄弟団の開放性はより顕著であった。

「聖ヤコブを囲む霊的家族」としての聖ヤコブ兄弟団は、会員間の相互扶助と兄弟愛を理想とする社会的結合で、貧窮した会員や罹患した会員への物的霊的援助を行ったのみならず、施療院を経営して非会員である外部のサンティアゴ巡礼者に、宿泊・食事サービスを提供した。

聖ヤコブ兄弟団会員は個人的にも、サンティアゴ巡礼者を宿泊させる義務を負い、あるいは死亡した巡礼者の葬儀に参列しなければならず、同胞がサンティアゴ巡礼に出立するときは、町はずれまで見送りに出た。ヨーロッパ全域に展開する、聖ヤコブ兄弟団のネットワークに支えられて初めて、サンティアゴ巡礼は中世ヨーロッパの三大巡礼の一つに発展することができた。

全ての聖ヤコブ兄弟団は、聖ヤコブの祭日（殉教日）にあたる七月二十五日に総会を開催した。総会では兄弟団長や書記、財務会計担当者といった役職者の選出、会計報告、新会員の紹介が行われ、総会終了後に会員の団結の表明として宴会が催された。総会に先立って、荘厳ミサと会員による蠟燭奉納が行われ、その後、会員による宗教行列が実施された。会員は帆立貝をつけた巡礼服や巡礼杖を身につけ、聖ヤコブを描いた旗を押し立てて、市内を練り歩いた。それは「苦難の長旅」により回心し、再生したキリスト教徒としての自己を、地域社会の住民に顕示して、自己あるいは家族の社会的地位を強化する格好の機会でもあった。十五～十六世紀には聖ヤコブ兄弟団が、聖ヤコブの奇跡をテーマとした聖史劇も各地で上演し、聖ヤコブ崇敬の拡大に寄与した。

第四章　巡礼と「観光」

ガリシア地方のサンティアゴ巡礼路道標

巡礼者と観光者と

観光学でいうところの観光とは、一般に余暇活動の一部とされ、回帰を予定して行われる日常的生活圏からの一時的離脱行為、非日常圏で営まれる移動（旅行）を伴った余暇活動と定義される。「非日常圏での余暇活動」という点において、巡礼と「観光」に大差はないが、宗教的要素の濃淡は、両者を分ける重要な指標の一つである。

だが宗教的要素の濃淡を検証することは、決して容易ではない。巡礼者が居酒屋や遊郭に足を踏み入れる場合もあれば、観光者が教会や修道院に参詣する場合も多々みられるからだ。巡礼と「観光」の二者択一ではなく、両者の相互浸透こそが問われなければならない。巡礼者と観光者は、日常的生活圏の外部にある聖地や「観光資源」に接し、それによって得られる内面的癒しを主要な要素として内包する点で、通底するのである。

連れ立ってサンティアゴ巡礼路を辿る、架空の巡礼者ペドロとファンを例にとってみよう。同じ霊場を回り同一の聖人に祈りながらも、敬虔なペドロと物見遊見気分のファンでは、内面的癒しに大きな差が生ずる。形式的にファンは巡礼者であっても、内面的には観光者である。しかしそのファンもペドロの影響を受け、状況によっては巡礼者に変貌することがありうるし、逆にペドロがファンに誘われて、観光者になることもある。それゆえ十五世紀末のフランス北部アルザス地方の説教集は、ダンスや祝祭、賭け事に気を取られて、巡礼行を蔑ろにし、観光者に堕することのないよう、アルザス地方の巡礼者に忠告している。

巡礼と「観光」が、非日常圏での長距離移動を原則とする限り、移動手段や宿泊施設、移動情報など共通する部分も少なくない。本章では、中近世に聖地サンティアゴを訪れた外国人旅行者の旅行記や巡礼記を手がかりに、宗教的要素と世俗的要素を内包した「宗教的観光」としての巡礼を考えてみたい。

一　移動と「観光資源」

移動手段

徒歩巡礼者

巡礼行には馬、ラバ、ロバ、馬車、船も利用されたが、民衆の大多数はイエスに倣い、徒歩で巡礼行を実践した。徒歩の巡礼者には無料の施療院が開かれており、経済的であったのみならず、徒歩にはイエスの「苦難の長旅」の追体験という、宗教的意味も含まれていたからだ。

老人と病人は馬車を、聖職者はラバやロバを利用する傍ら、イングランドや北欧からの巡礼者は主に船を利用した。道路状態が劣悪であった上、サスペンションも装備されていないため、馬車は苦痛を伴う移動手段であった。これに対し馬は、貴族や富裕市民にほぼ限定された。特に貴族は、対面上も馬を利用せざるをえなかった。馬の利用者は、無料の宿泊施設である施療院に原則として宿泊できず、有料の宿屋や貴族・国王の邸舘その他への宿泊を強いられた。

15世紀の宿屋のベッド

聖地サンティアゴ北部のラ・コルーニャを発着した帆船についていえば、中世末期～近世の大西洋沿岸では、横帆と縦帆を装着し、船尾楼と船尾固定舵を装備したハンザ船が利用された。強い追い風を受ければ時速九ノット（約十七キロメートル）で航行可能であり、当時としては最速の移動手段であった。しかし船の遭難や座礁が頻発し、スペイン王カルロス一世（在位一五一六―五六年）の英仏海峡越えの船旅にみられるように、悪天候による数か月の出航延期や到着地の変更もしばしば生じた。船内の衛生状態は悪く、悪臭が漂い、トイレ設備も粗末で、巡礼者とりわけ女性巡礼者にとって、船旅は決して快適な旅ではなかったであろう。

宿泊施設

移動時の宿泊施設としては、巡礼路沿いに多数建設された施療院のほかに、有料の宿屋や個人の家、城塞や邸館などが利用された。施療院については第六章で詳しく述べることになるが、人口約七千人を数えた巡礼路都市ブルゴスだけでも、十五世紀の施療院数は三十二に達し、一部は市門閉鎖後に到着する巡礼者の利便に供するため、城壁外に設置された。宿屋は居酒屋を兼ねる場合が多く、二階建てでベッド数は六～十二程度、通常二人で一つのベッドを共用した。こうした宿屋の寝具類は、必ずしも清潔なものではなかった。

宿屋を開設するには都市当局の認可が必要であり、宿屋の看板――居酒屋を兼ねた小規模な宿屋では、小枝やブドウ樹が看板代わりとなった――が入り口に掲げられた。厩舎を備えた宿屋では、一階に食堂を兼ねた居酒屋が置かれ、寝室は二階に設置されるのが通常であった。

宿屋の奉公人による窃盗や詐欺などの不法行為が横行したことは、前章第三節「巡礼講と『苦難の長旅』」に記した通りである。十三世紀の『七部法典』は宿泊業者が、遺言状を残さず宿屋で死去した巡礼者の所持品横領を禁じているが、この規定自体、宿屋での不法行為の頻発を前提としている。

巡礼者が、聖ヤコブ兄弟団会員など個人の家に宿泊する場合もあった。多くの聖ヤコブ兄弟団会員は、「天に富を積む」ことを期待して、無料で巡礼者を宿泊させた。民衆と異なり、多数の騎士を従えた十五世紀のベーメン（チェコ）の有力貴族レオ・デ・ロズミタールは、主に国王や貴族の城塞や邸館、教会・修道院を利用して移動した。

宿屋に入る巡礼者

宿屋は宿泊施設であるとともに、娯楽、情報交換、商業活動の場でもあり、巡礼者は宿泊業者を仲介人として、巡礼路都市の住民との間で商行為を行うことができた。十三世紀の『カスティーリャのフエロの書』は、「巡礼者が宿泊業者の家で家畜もしくは衣服を売却せんとし、都市住民がその一部を購入したいと欲した場合、支払いの前に金銭を提示し、金銭を数えて（合っていれば）、その者（買い手）にその部分を与えるべし」と定め、宿屋での巡礼者と都市住民の経済活動を承認している。

移動情報

巡礼行にあたって必要な各種の情報については、聖職者など識字能力のある者が、出発に先立ち巡礼者に読み聞かせた巡礼案内や旅行記、巡礼行経験者からの情報、宿屋や施療院での情報交換が主要なものであった。巡礼者が諳んじていた巡礼歌も、同様の機能を果たした。巡礼歌には、巡礼者が辿るべき道、旅の危険、都市や教会・修道院名、聖遺物と奇跡譚が収載されているからだ。

十七世紀に採録された巡礼歌は、次のように歌う。

「大きく美しい都市ブルゴスで、
われわれ巡礼者は、
素晴らしい教会を訪れる。
アウグスティヌス会の
神父様がわれわれに教えに来た、
偉大なる奇跡を、
十字架が発汗するのを見たという。
これは真実である」

「われわれがレオンを発つとき、
私や私の仲間とともに、
二本の道を見出した。

一つは（オビエドの）サン・サルバドール（教会）そのものへ、
もう一つは（聖地サンティアゴの）聖ヤコブ（を祀った教会）へ」

巡礼者の交換した情報内容には、流通税や宿泊施設の規模とサービス内容に関するものも含まれる。十五世紀末にサンティアゴ巡礼を行った、フィレンツェの無名氏が書き残した巡礼記はその典型で、簡潔な記述の中に、宿泊施設と流通税についての実用的な情報を多数取り込んでいる。

中近世の巡礼者は地図を持ち歩かなかったものの、巡礼路沿いの十字架やモンジョア（石塚）、教会・修道院や施療院の鐘、巡礼歌がその機能を代行した。ピレネー北麓やガリシア地方の山岳地帯では、濃霧や降雪の時期に鐘を鳴らして巡礼者を導いたし、在地農民に免税特権を与えて、巡礼路の保全を義務づけたのであった。巡礼者はこれらに支えられ、太陽の沈む地平の彼方を目指して、一路西進したのである。

サンティアゴ巡礼路沿いの十字架

「観光資源」の中で

「観光」の基本的構成要素は、自然観光資源（河川、泉、気候）、人文観光資源（飲食物、聖遺物、教会や修道院、言語、風俗、特産物）、複合観光資源（都市景観）に大別されるが、これらは巡礼記と旅行記のいずれにおいても検出される。中近世ヨーロッパの民衆にとって巡礼行が、第一義的には「祈りの旅」であったにしても、それはこうした「観光資源」の中で遂行されたのであった。

巡礼者はそれら神の被造物に関心を寄せ、励まされながら「苦難の長旅」を続けたのであり、往路にあっても「観光」と無縁ではなかった。世俗的心身の回復を基調とする帰路にあっては、巡礼行に内在していた「観光」の側面が、往路以上に表出された。

二　外国人旅行者の見た「観光資源」

中世末期～近世は、俗人による俗語の旅行記が多数書かれた時代であり、それが巡礼と「観光」の親近性を促す一因ともなった。十五世紀後半～十六世紀にスペイン旅行を断行したベーメン（チェコ）の有力貴族レオ・デ・ロズミタールや、ニュールンベルクの医者ヒエロニムス・ミュンツァー、ブルゴーニュ公側近のアントワーヌ・ド・ララン、ジールベケ公ジャンの旅行記は、それを代表するものである。

ベーメンの有力貴族レオ・デ・ロズミタール

宗教改革の先駆者の一人ヤン・フス（一三七一頃―一四一五年）が、コンスタンツ公会議で異端者として火刑に処せられたことから、ベーメンでは一四一九年フス戦争が勃発する。レオ・デ・ロズミタールはフス戦争に連座して廃位されたベーメン王の義兄弟で、スペインへの好奇心、政治・軍事的関心により、一四六五～六七年に九十二名の騎士と従者を伴い、スペイン、ポルトガル各地を騎行した。

ベーメン貴族一行は、バスク地方の都市バルマセーダで、流通税の支払いを巡り都市役人と争いになった後、旧カスティーリャ地方の中心都市にして、主要巡礼路都市の一つであるブルゴスに入った。ブルゴス近郊には光り輝く玉石で覆われた山があり、日中そこを通ると太陽光線の反射で目を傷める、と旅行記は記す。ブルゴス市内では、有力コンベルソ（改宗ユダヤ人）家門のサンタ・マリア家と親交を結び、死者の復活などの奇跡で名高い、アウグスティヌス会修道院の聖遺物（十字架とキリスト像）に参拝した。

捕えられるヤン・フス

先史時代の豊穣儀礼に起源をもつとされる闘牛を見物するのも、このブルゴスにおいてであった。「ところで彼ら（スペイン人）は、祭日に闘牛を大いに楽しむ。彼らは牛の群れの中から二～三頭を選び、慎重に市内に招き入れ、広場に閉じ込める。騎士がそれらの牛を追い、先の尖った鉄の金具を突き刺して牛を怒らせ、何にでも猪突猛進させる。牛が疲れ果てた頃を見計らって、数頭のブルドッグを解き放すと、ブルドッグは牛の耳に嚙みつき、牛を屈服させる。この闘牛では一頭の馬と一人の命が失われ、さらに二人が怪我をした」。

闘牛に刺激されたためであろうか。ブルゴス南方の都市オルメドでは、カスティーリャ王エンリケ四世（在位一四五四―七四年）臨席下に催された馬上槍試合（トーナメント）に、ベーメン貴族が参加し、カスティーリャ人貴族を敗退させた。闘牛が今日のような形をとるのは十八世紀以降のことであるが、既に十五世紀に闘牛の前史である馬上闘牛が開催されていたことは、注目してよい。

ポルトガルでは、家畜以下の価格で売買される黒人奴隷の様子を目の当たりにした。その後、北上して聖地サンティアゴに足を踏み入れた。白馬に跨ってムスリムを殲滅する、聖ヤコブの移葬伝承と遺骸「発見」に関する型通りの奇跡譚に言及する一方で、旅行記は聖地サンティアゴの内紛と混乱について記述する。都市の自治権を巡るサンティアゴ大司教と都市住民との武力衝突の中で、サンティアゴ教会への参詣を数日、延期せざるをえなかったのである。三日後、ベーメン貴族一行はサンティアゴ教会内に入り、やっとのことで聖ヤコブの遺骸を祀った主祭壇前で祈ることができた。サンティアゴと並ぶ聖地として、旅行記が指摘するのは、「黒いマリア」信仰で有名なグアダルーペ修道院である。

ドイツ人医者ヒエロニムス・ミュンツァー

ヒエロニムス・ミュンツァーは、神聖ローマ皇帝マクシミリアン一世（在位一四九三―一五一九年）と関係の深いニュールンベルクの医者・地理学者で、コロンブスによるアメリカ「発見」直後の一四九四～九五年に、二名のドイツ人商人と連れ立って、馬で冬場のスペイン旅行を行っている。マドリードでカトリック両王への拝謁を許されていることからみて、この旅行は単なる私的旅行ではなく、マクシミリアン一世の意を汲んだ、政治的・経済的目的を有する旅行であった可能性が大きい。アメリカ「発見」の経済的波及効果の調査、アメリカ貿易への参加可能性の打診、マクシミリアン一世の息子のブルゴーニュ公フィリップとカトリック両王の娘フアナとの結婚がそれである。

カタルーニャ地方の都市へローナ（ジローナ）からスペインに入ったミュンツァー一行は、バルセローナ近郊のモンセラート（ムンサラット）修道院に参詣し、聖母マリアによる死者の復活、罪状消滅の奇跡を書き留める。バレンシアでは異国情緒豊かなサトウキビ畑とグアンチェ（カナリア諸島のベルベル系先住民）奴隷を観察し、一四九四年十月、陥落後間もないグラナダに入った。

グラナダでまずミュンツァーの関心をひいたのは、純白の大理石を敷き詰めたアルハンブラ宮殿、オレンジや天人花の生け垣を配したヘネラリフェ庭園、導水渠に代表される高度な灌漑技術、サトウキビと絹織物であった。グラナダの都市景観については、入り組んだ迷路、密集した家屋、防備施設に言及する一方で、整備された上下水道に驚嘆の声を上げる。ムスリムの衣服や信仰といった習俗にも強い関心を示し、馬上槍試合も心ゆくまで堪能した。このあたりの視線は、今日の観光旅行と変わるところがない。

モンセラート修道院

グラナダからはセビーリャ、リスボン経由でエル・パドロンに北上し、聖ヤコブの遺骸が置かれた巨石、聖ヤコブが神の言葉を説いた聖山を訪れた。次いで聖地サンティアゴに入り、一四九四年のクリスマス直前にサンティアゴ教会に参拝した。ミュンツァーによれば、聖地サンティアゴは城塞を備え、プラムやリンゴ樹などの豊富な都市で、気候は温暖である。しかし住民は怠惰で薄汚れており、農業よりも巡礼者へのサービス業で生計を立てている。当然、聖ヤコブを祀ったサンティアゴ教会の主祭壇にも言及し、

「……誰も目にした者はいないものの、主祭壇の下には二人

の弟子と共に、彼（聖ヤコブ）が埋葬されていると信じられている」と記述する。その後ミュンツァーは、マリア信仰で有名なグアダルーペ修道院を訪れ、修道院の創建縁起と様々な奇跡にも言及する。

16世紀のリスボン

ブルゴーニュ公側近アントワーヌ・ド・ララン

アントワーヌ・ド・ラランは、ブルゴーニュ公フィリップ側近のフランドル人貴族で、フィリップの息子カルロス一世の信任も厚く、ホラント、ゼーラント総督を務めた。一五〇一年一月、ブルゴーニュ公フィリップと公妃フアナに付き従い、多数のフランドル人貴族と共に馬で、雪の降りしきるバスク地方からスペインに入った。

公妃フアナはカトリック両王の娘で、病床にあったカスティーリャ女王イサベル一世の王位継承者に指名された。一五〇四年、イサベル一世が没すると、精神障害のあるフアナが形式的に王位を継承し、フィリップはカスティーリャ王フェリーペ一世として共同統治者となった。ラランのスペイン旅行は、こうした状況下で実現したのである。

有力貴族や都市役人の出迎えを受けた国際商業都市ブルゴスでは、ブルゴス教会の聖遺物に拝謁し、有力貴族の邸館に宿泊した。ブルゴスはフランドル向けの羊毛の集荷地であり、フランドル人貴族にとっても重要な都市であった。そのブルゴスでブルゴーニュ公一行は、巡礼者への慈善活動で有名な施療院オスピタル・デル・レイを訪れ、闘牛や馬上槍試合を見物したばかりか、在地の貴族たちと狩猟やペロータと呼ばれる球技に興じた。在地の有力者を招いて饗宴を開催したのも、ブルゴスにおいてであった。

ブルゴスでラランは、南下するブルゴーニュ公夫妻と暫く別れ、巡礼路沿いにレオン、オビエドに向かう。オビエドのサン・サルバドール教会ではミサに参列して、天使の作とされる黄金の十字架、聖ペテロの靴などの聖遺物を拝覧した。大きな壺を持ち、イヤリングと指輪を身に着けた女性にも関心を示し、聖家族ゆかりのエジプト女性のようだと評している。

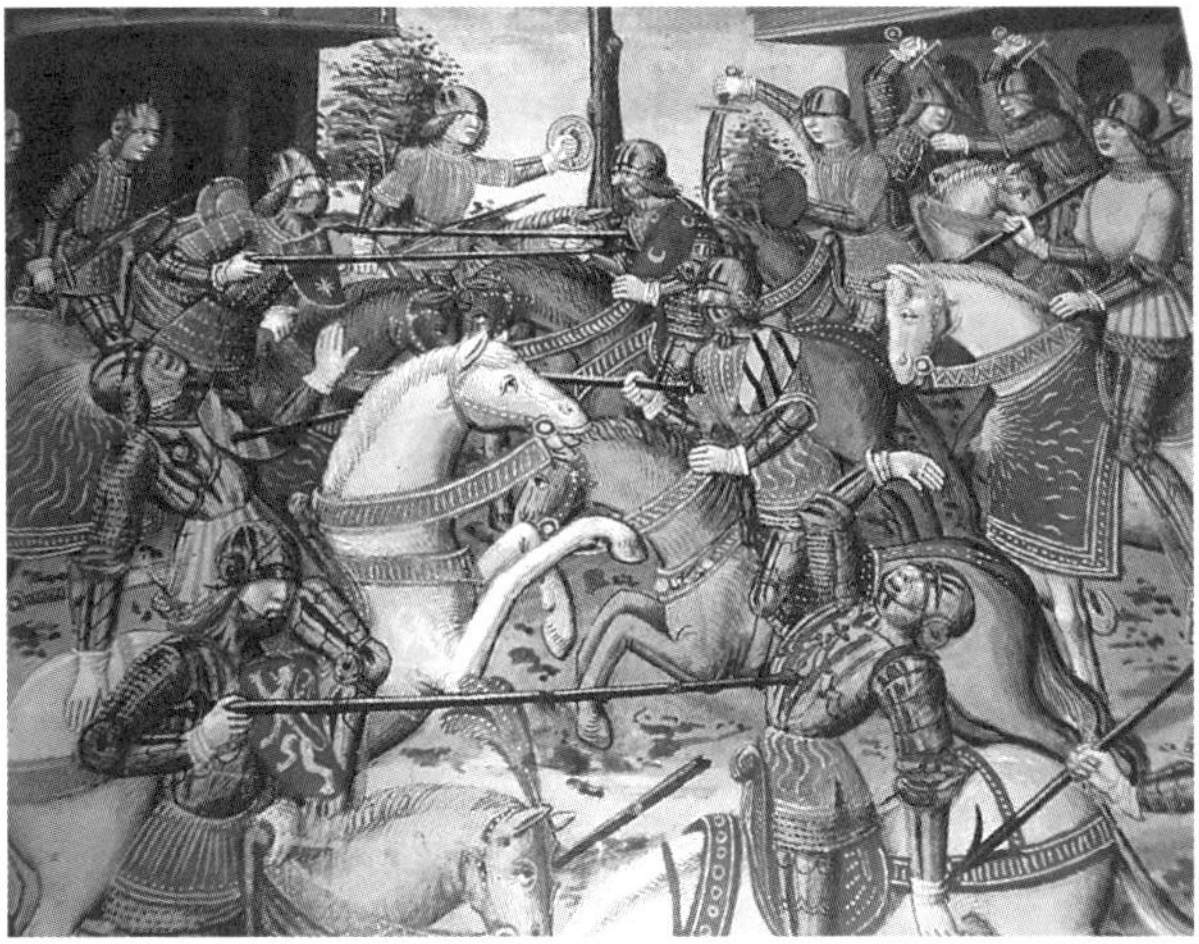

馬上槍試合（トーナメント）

オビエドからラ・コルーニャ経由で、三月初旬の聖地サンティアゴに入り、主祭壇の下に安置された聖ヤコブの遺骸に参拝した。だが主祭壇下の地下納骨堂に足を踏み入れることは許されず、それに纏わる幾つかの神罰と奇跡に言及する。聖ヤコブ（大ヤコブ）の遺骸に加え、小ヤコブの頭部やイエスの十字架の断片などの聖遺物が、サンティアゴ教会の主要聖遺物として記述される。小ヤコブとはアルファイの子ヤコブをさし、イエスの義兄弟、十二使徒の一人とされる。本書のテーマである大ヤコブ、即ちゼベダイの子ヤコブとしばしば混同された聖人である。

フランドル人貴族ジールベケ公ジャン

一五一二年三月フランドル人貴族ジールベケ公ジャンは、三隻の帆船の一つに乗り込み、イングランドのポーツマス経由で、海路、聖地サンティアゴへ向かった。しかし強風のため、ガリシア地方の海港都市ラ・コルーニャに入港できず、ポルトガル海岸を南下して、リスボンに避難せざるをえなかった。バスコ・ダ・ガマによりインド航路が開拓された直後のリスボンで、ジールベケ公は初めて象を見ることができ、奴隷市場では三百人以上のモーロ人（ムスリム）奴隷の売買を目のあたりにした。ジールベケ公は、物珍しい象やモーロ人奴隷に強い関心を示しており、このあたりの視線は観光者のそれといってよい。

バスコ・ダ・ガマ

リスボンから海路、北上し、まず聖ヤコブの移葬伝承ゆかりのエル・パドロンでジャンは、聖ヤコブの遺骸の置かれた巨石と石の帆柱を目撃する。この石の帆柱を動かすことができるのは、敬虔なキリスト教徒であるとされるが、今なおそうした者は現れていないと断言する。

聖地サンティアゴに入ったのは、四月初旬であった。聖地サンティアゴは多数の巡礼者で混雑しており、宿をとるのも容易でなかったが、ジャンはフランドル人の経営する宿屋に宿泊できた。聖地サンティアゴに三日ほど滞在し、聖ヤコブの遺骸を祀ったサンティアゴ教会の主祭壇も訪れた。しかし聖ヤコブの遺骸を見た者は誰一人いないとし、聖ヤコブ伝承への疑念を表明している。

聖地サンティアゴからは馬でラ・コルーニャに入り、海路を使い十日ほどで帰国した。往復四十日ほどの船旅であった。ジールベケ公ジャンによれば、巡礼者がむやみに多く、航海中は十分な食事が提供されなかったのみならず、無味乾燥なミサしか聞くことはできなかった。しかも船旅では、聖体のパンが聖別されることはなかった。巡礼者が船酔いなどで聖体を海へ吐いた場合、イエスの身体である聖体が「遭難」する危険があったからだ。

世俗化する巡礼

これらの旅行記に共通するのは、旅行記の著者が俗人で、貴族や有力市民といった支配層に属していることである。支配層に属する俗人旅行者は、政治・軍事・経済的な情報収集、好奇心からスペイン旅行を行い、観光者としてスペインの様々な「観光資源」に接し、それを書き留めている。ブルゴスの闘牛と馬上槍試合、グラナダのアルハンブラ宮殿、サトウキビ、ムスリムの習俗、象、ムスリム奴隷、各地の都市景観などはそれを代表するものである。その一方で俗人旅行者は、サンティアゴ教会、モンセラート（ムンサラット）修道院、グアダルーペ修道院などの聖遺物、奇跡に強い関心を示しており、「観光」と巡礼を峻別することは容易ではない。俗人旅行者にあっても、「宗教的観光」は妥当するのである。

中世末期〜近世における聖地観の変化にも、注目すべきであろう。前述した四人の俗人旅行者は、聖ヤコブ崇敬を堅持しながらも、聖地サンティアゴでは権力闘争が生じ、住民は怠惰で、聖ヤコブの遺骸を目にした者は誰一人存在しないとさえ記している。こうした記述がなされること自体、聖性の剝奪の表明であり、巡礼の世俗化を意味した。聖ヤコブから聖母マリアへと、崇敬対象の移動が生じつつあったことを傍証するものであろう。

三　巡礼記に記された「観光資源」

中世のガイドブック『サンティアゴ巡礼案内』

十二世紀の半ばに、ヨーロッパ最初の本格的な巡礼案内として書かれたのが、『サンティアゴ巡礼案内』である。前述したように、馬でサンティアゴ巡礼を実践した中部フランスの巡礼路都市ヴェズレーの司祭、エムリー・ピコーの手になるものといわれる。古代末期〜中世初期の巡礼案内書と異なり、同書は教会建築や視覚芸術にまで詳細に言及しており、巡礼書の記述対象、表現形式に大きな変革をもたらした書として知られる。

『サンティアゴ巡礼案内』の目的は、サンティアゴ巡礼者に旅費や旅程を含めた有用な情報を提供し、巡礼を活性化することにあった。全十一章からなる『サンティアゴ巡礼案内』の中で、最大の紙数を占めるのは、巡礼路諸都市の聖遺物を扱った第八章、次いで聖地サンティアゴとサンティアゴ教会を対象とした第九〜十一章である。第八〜十一章で全体の約七割を占めており、同書の主要目的が、聖人や聖遺物、奇跡を介した巡礼の活性化、ひいてはサンティアゴ教会の権威拡大にあったことを窺わせる。

「巡礼路に安置されており、巡礼者が訪ねるべき聖人の遺骸」と題された第八章では、トゥールの聖マルタン、ヴェズレーのマグダラのマリア、リモージュの聖レオナールなどの遺骸（聖遺物）が取り上げられる。トゥールのサン・マルタン教会に祀られている聖マルタンの遺骸は、ハンセン病や眼病、中風、悪魔祓い、死者の復活にご利益があるとされ、その祭日は十一月十一日であった。ヴェズレーのサント・マドレーヌ教会に納められているのは、イェルサレムから船で運ばれたマグダラのマリアの遺骸であり、贖罪、視力の回復、悪魔祓い、聾唖者の治癒に効験がある。その祭日は七月二十二日であった。リモージュのサン・レオナール教会は、囚われ人の解放に効験があるという聖レオナールを祀っており、祭日は十一月六日である。

このようにフランス巡礼路都市ゆかりの聖人、聖女とそのご利益が次々と列挙される。その一方で、スペイン巡礼路諸都市の聖人に関しては、聖ヤコブを除き、ほとんど関心が向けられない。

同書は、聖人や奇跡といった宗教的要素に大きな比重を置いているが、現実の巡礼行は祈りだけでは達成できない。巡礼者は旅の危険や巡礼路諸都市間の距離、施療院などの宿泊施設に配慮し、各地の景観や食文化、特産物、言語、習俗を見聞しながら巡礼行を継続した。『サンティアゴ巡礼案内』からも、その一端を垣間見ることができる。

『サンティアゴ巡礼案内』は第二～四章で、スペインの巡礼路諸都市を東から西に順々に列挙し、ソンポール峠や聖地サンティアゴの施療院に言及する。その上で食文化に触れ、スペイン北部の巡礼路都市エステーリャでは、パンもワインも良質だが、プエンテ・ラ・レイナ東部のサルド川の水や、ガリシア地方の川魚のニゴイには毒性がある。それらを飲食すれば病気になり、最悪の場合は命を落とす危険があるので、摂取しないよう巡礼者に勧めている。こうした「観光医学」への関心は、注目に値する。

ヴェズレーのサント・マドレーヌ教会

カスティーリャ地方とガリシア地方の特産物として、馬と毛織物、皮革と家畜などを列挙する傍ら、各地の習俗や言語へ

ナバーラ地方のサンティアゴ巡礼路

の「民俗学的関心」も示している。それによればエムリー・ピコーの出身地とされる、フランス中西部ポワトゥー地方の住民は、勇敢で上品だが、ナバーラ（バスク）人は野蛮で獰猛、不実、下品、不誠実で、悪徳に染まり、まるでサラセン人（ムスリム）のようである。

彼らは短く黒い衣服を身に着け、黒い羊毛のケープを纏い、サンダルを履いている。スプーンを使わずに手で食べ、主人と奉公人が同じコップを飲みまわし、犬や豚なみであった。彼らの言葉（バスク語）は犬の鳴き声のようで、神をウルシア、パンをオルグイ、ワインをアルドゥムと呼ぶ。好色、大酒のみで、獣姦はおろか、暖をとるときには、男女が隠すべきものを互いに見せ合う。このようにナバーラ（バスク）人に対しては、差別意識をむき出しにしている。

ピレネー南麓の「温泉」への言及も見られる。そればかりではない。エムリー・ピコーは、カール大帝やローラン、オリヴィエゆかりのロンスヴォーの古戦場にも足を運び、『ローランの歌』に体現された、古の英雄たちの世界にも思いをはせている。現代の「世界遺産ツアー」を想起させる行動である。

フィレンツェの無名氏による巡礼記

フィレンツェの無名氏による巡礼記は、一四七七年のもので、サンティアゴ巡礼に関する実用的な情報が数多く収載されている。流通貨幣や両替時の心得に関する詳細な情報、ブルゴス郊外の施療院への宿泊からみて、フィレンツェの無名氏は商人層の出身で、徒歩による巡礼行を実践していたと思われる。経済情報への精通は、商人の心性に適合的であるし、馬による巡礼者であれば、施療院には宿泊できなかったからである。

巡礼路諸都市間の距離に加え、レオンやオビエドなどの教会と聖遺物、ブルゴス郊外の施療院に触れ、パンプローナの都市景観については、人口が多く美しい石畳の町であると記している。わけても興味深いのは、カスティーリャ王アルフォンソ八世（在位一一五八―一二一四年）が、ブルゴス郊外に建設したオスピタル・デル・レイと貨幣についての記述である。オスピタル・デル・レイでは巡礼者は歓待され、病気の巡礼者への医療サービス、病人と健常者を区別した宿泊サービスが提供されたという。

15〜16世紀のフィレンツェ

同書末尾には、地域ごとに異なる様々な流通貨幣と不法行為の横行、両替時の心得が記されており、極めて実用的な「観光情報」を提供している。それによればナバーラ王国のコロナ貨二枚は、カスティーリャ王国のマラベディ貨一枚に対応し、カスティーリャ王国のドゥカード（ドゥカート）金貨は、同王国のレアール銀貨十一枚に相当した。巡礼路諸都市間の距離、巡礼路諸都市の宿屋の数とサービス内容についての記述も、実務的な「観光情報」の一種とみることができる。

「観光資源」としての聖遺物

これら一連の「観光資源」の中にあって、最大の「観光資源」は、いうまでもなく聖遺物である。そもそもサンティアゴ巡礼路は、固有の聖遺物と巡礼圏をもつ多数の地方霊場を、クリューニー会などの国際的修道会が、上から繋ぐことによって成立した国際的巡礼路であって、聖遺物崇敬に最適の空間であった。それゆえエムリー・ピコーは、ヴェズレーのサント・マドレーヌ教会、サアグーン修道院、レオンのサン・イシドーロ修道院など、巡礼路沿いの主要教会・修道院縁起と聖遺物のご利益に、多くの紙数を割いているのである。実務的性格の強いフィレンツェの無名氏の巡礼記にあってすら、主要な教会・修道院の聖遺物と、聖ヤコブの執り成しによる死者の復活などの奇跡に言及しており、「観光資源」としての聖遺物の重要性は否定できない。

では巡礼者（観光者）は、最も重要な「観光資源」である聖遺物と、いかなる関係を取り結んだのか。『サンティアゴ巡礼案内』によれば、エムリー・ピコーは、聖ジル（アエギディウス）による危難回避の奇跡を、サン・ジル市内で自ら目撃した。いわく、敬虔な靴職が聖ジルの加護を求めたその日に、古い自宅が崩落した。しかしそれは靴職が、自宅を離れた直後のことであり、危うく危難を回避できた。危難回避、悪魔祓い、死者の復活、毒蛇などに効験があるとされた聖ジルの奇跡を目のあたりにし、エムリー・ピコーは宗教心の高揚を抑えきれず、「彼（聖ジル）の墓を抱擁せざる者があるだろうか」と感嘆の声をあげる。日常的に奇跡が生じていたとされる中世ヨーロッパ世界において、エムリー・ピコーは最大の「観光資源」である聖遺物に接し、人格変容（内面的再生）を遂げたとみることもできる。

これら二つの巡礼記に通底するのは、聖人や聖遺物、奇跡という宗教的要素を主要動機としながらも、旅の危険や宿泊施設、各地の食文化、言語、習俗への関心など、前述した旅行記との共通点が少なくないことだ。サンティアゴ巡礼が巡礼路諸都市の聖人、聖遺物、奇跡と切り離せないことから、移動ルートはほぼ一定であるが、旅行ないし「観光」にあっては、移動ルートは観光者により変動し、必ずしも固定されない。こうした相違点はあるものの、巡礼と旅行ないし「観光」には、重複する部分が多く、巡礼記と旅行記の単純なジャンル分けは有効ではあるまい。

大規模な人の移動を伴うサンティアゴ巡礼が、宿屋や施療院などの宿泊施設を含めた、旅行ないし「観光」の発展に与えた影響は大きい。観光史概説にあってサンティアゴ巡礼は、十七〜十八世紀のグランド・ツアー（貴族や有力市民といった上流階級の子弟による教養獲得のための旅行）と共に、マス・トゥーリズムの原点と位置づけられている。

聖ヤコブの遺骸を収めた銀製の聖遺物匣

十九世紀以降の近現代社会をモデルに構築された、伝統的な観光概念にあっては、宗教的要素は希薄で、巡礼への関心も乏しかった。だが一九七〇〜八〇年代以降、生産と労働に偏重したヨーロッパ近代の伝統的価値観の動揺に伴い、内面的癒しの源泉としての巡礼への関心も再生している。宗教的要素を内包しつつ、聖と俗の狭間に成立する「宗教的観光」として、巡礼を新たにとらえなおす必要があろう。グローバル化が進み、言語や宗教、エスニシティを異にする多様な人々が、日本を含む世界各地の巡礼空間に足を踏み込むことができるようになった昨今、「宗教的観光」の比重はますます高まっているといってよい。

第五章　巡礼と都市の形成ないし「観光開発」

巡礼路都市プエンテ・ラ・レイナ市内

巡礼とともに発展した都市

近くはフランス、イタリアから、遠くは北欧、東欧から多くの巡礼者を招き寄せたサンティアゴ巡礼は、巡礼路沿いに多くの都市を生み出し、発展させていった。巡礼路が都市形成、従って「観光開発」の原動力となったのである。

『サンティアゴ巡礼案内』は巡礼路都市として、約三十の都市を収載している。ブルゴス、レオン、サンティアゴのような有力都市を一部に含むものの、多くは教会や修道院の保護下に成立・発展した中小都市である。『シャルルマーニュ事績録』にも言及されている、レオン地方のサアグーンは、その典型であった。これらの巡礼路都市は、サンティアゴ巡礼の盛行と緊密に結びつき、十一～十三世紀のカスティーリャ経済を支えた基軸都市でもあった。

巡礼路都市の多くが、それぞれ固有の聖遺物をもつ地方霊場の中心であったことにも、留意しておかなければならない。教会や修道院を都市領主とし、その下で都市開発が進められたことから、教会や修道院が強い支配権（都市領主権）を行使した。そのためサアグーンやサンティアゴでは、都市住民が市政参加（自治権）や経済活動の自由、王権への直属などを求めて、コミューン運動を続発させた。武力衝突を伴ったコミューン運動を背景に、都市住民の代表が次第に市政に関与していったとはいえ、巡礼路都市では教会・修道院の強い支配が、中世を通じほぼ維持された。教会・修道院に代わって、王権が巡礼路都市への統制を強めるのは、中世末期から近世以降のことである。

スペインやイタリアをはじめとする中近世の南ヨーロッパ都市は、「属域（ティエーラ）」と呼ばれる周辺農村部をその支配下に置いた。巡礼路都市の「属域」の規模は、ブルゴスのような例外もあるが、スペイン中部や南部の都市に比べると、はるかに小さい。

巡礼路都市の多くは、人口数千人の中小都市であり、小売商人を兼ねた手工業者が、都市と「属域」住民向けの日用品の生産・販売にもっぱら従事した。「属域」住民は食料品や手工業原料を都市市場に持ち込む一方で、巡礼路都市で生産された手工業製品の購入を強制されたのであり、都市と「属域」は経済的な相互補完関係に置かれた。そればかりではない。多くの「属域」住民が家内奉公人、徒弟、日雇いなどとして都市に定住し、都市住民の多くも戦争や飢饉に備えて、「属域」に小規模な土地を所有したのである。都市と「属域」は政治的にも社会・経済的にも一体であり、両者の相互浸透が巡礼路都市の基調であった。

巡礼路都市フロミスタのサン・マルティン教会

住民構成についていえば、在地の有力住民が都市支配層を構成しつつも、多くの巡礼路都市がフランス人などの外国人を受容し、市内にはフランス人街（外国人集住地区）が形成された。生地への帰還をあきらめた一部の巡礼者は、こうしたフランス人街に定住した。その反面、イスラームのより強い影響を受けた、スペイン中部や南部諸都市に比べると、一般にモーロ人（ムスリム）とユダヤ人は少なかった。サンティアゴ巡礼を背景とした経済的機能の優位――スペイン中部や南部都市では、一部に例外はあるものの軍事的機能がより重視された――

も、巡礼路都市の特色の一つである。
ここでは特徴的な三都市、すなわち旧カスティーリャ地方の国王都市ブルゴス、レオン地方の中小都市サアグーン、ガリシア地方の中心都市たる聖地サンティアゴを例に、中近世の巡礼路都市の実態を素描したい。

一　巡礼路都市ブルゴス

エル・シッドの都市

堅固な城壁を巡らせた、旧カスティーリャ地方の中心都市ブルゴスの起源は、九世紀末に城塞の保護下に成立した小集落に求められる。十世紀まではアンダルス（イスラーム・スペイン）との境域に位置したため、軍事的性格の強い都市であった。これを象徴する人物が、ブルゴス近郊の下級貴族の家の生まれたエル・シッド（一〇四三頃―九九年）である。

エル・シッド――アラビア語で「主人」を意味するスィーディーに由来――は、本名をロドリゴ・ディアス・デ・ビバールといい、地域や宗教の枠を越えて活躍した理想の騎士とされる。エル・シッドが生まれた、十一世紀中頃のアンダルス（イスラーム・スペイン）は、後ウマイヤ朝崩壊後の第一次ターイファ（分派諸王国）時代にあたり、セビーリャ、サラゴーサ、バレンシアなどのターイファ諸王が互いに覇を競い、政情は極度に混乱していた。

こうした政情の不安は、イスラーム・スペインとキリスト教スペイン諸国の軍事的バランスを一挙に突き崩

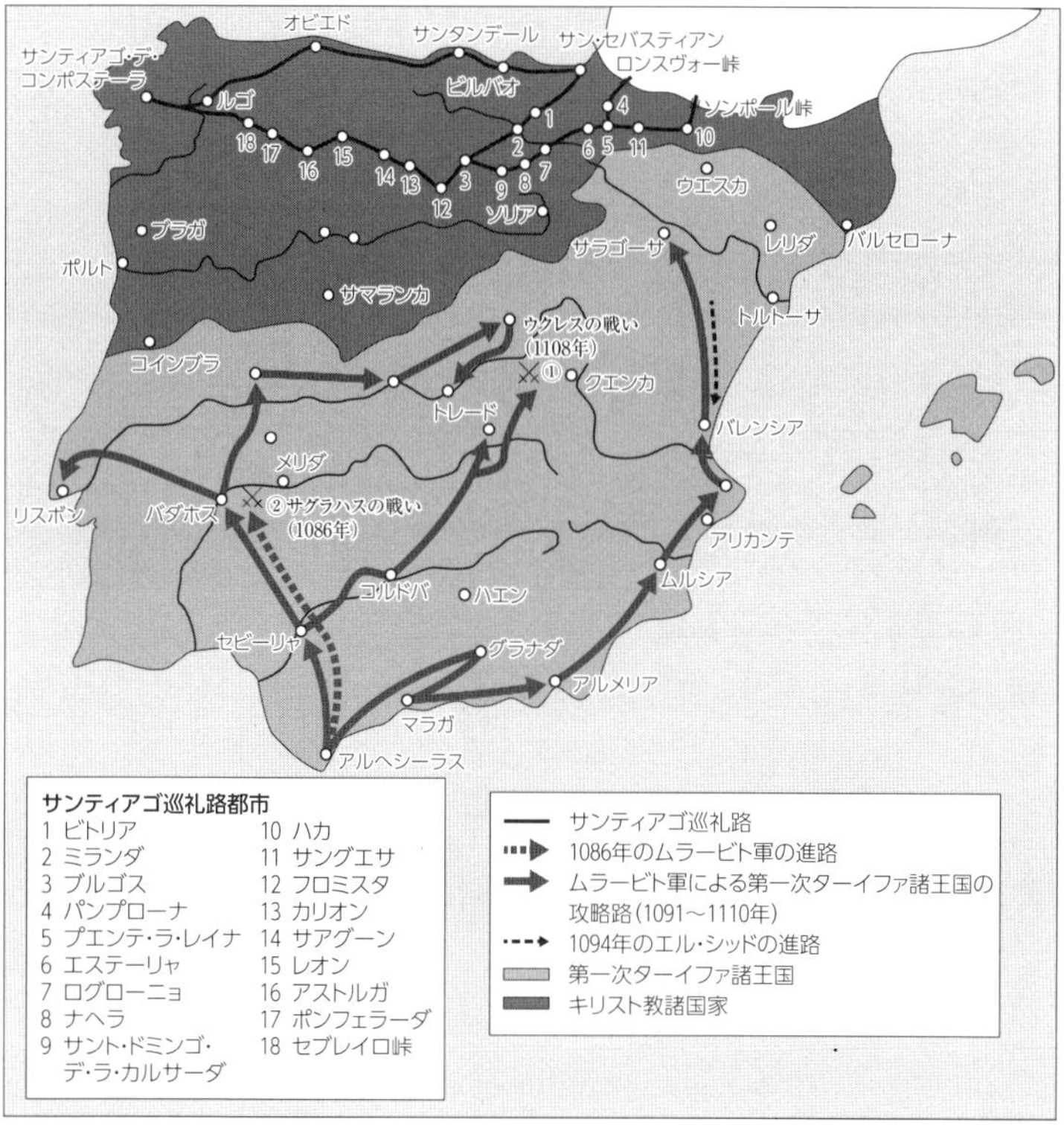

11～12世紀のイベリア半島

し、レコンキスタ運動の加速度的な進展を生み出した。しかしフロンティアの急速な南下と、トレードを拠点にイスラーム・スペインへ向けて繰り返される略奪行は、ターイファ諸王国にイスラーム・スペインの全面崩壊という危機感を抱かせた。そのためセビーリャ王は、レコンキスタ運動の南下を阻止すべく、マグリブ地方を支配するムラービト朝のスルタン、ユースフ・ブン・ターシュフィーン（在位一〇六一―一一〇六年）に来援を要請した。これを受けてユースフ・ブン・ターシュフィーンは、スペイン南端のアルヘシーラスに上陸し、一〇八六年、サグラハスの戦いでカスティーリャ軍を撃破したのであった。

だがイスラームの純化を求めるムラービト朝は、ターイファ諸王との対立を深め、後者は異教徒のアルフォンソ六世（在位一〇七二―一一〇九年）と和平協定を締結して、ムラービト朝の排除に乗り出した。これに対しユースフ・ブン・ターシュフィーンはアンダルスのムスリム民衆の広範な支持を得て、これら諸王をイスラームへの反逆者として断罪すると共に、圧倒的な軍事力を背景に、アンダルスの大部分をムラービト朝の直轄支配下に組み込んだ。ムラービト朝がイスラーム・スペインに持ち込んだ聖戦意識の高揚と相俟って、キリスト教スペイン諸国は重大な危機に直面したのである。

こうした危機的状況下のカスティーリャにあってエル・シッドは、サンチョ二世（在位一〇六五―七二年）により宮宰に登用され、サラゴーサ遠征などで騎士として抜群の働きをした。しかしサンチョ二世は、対立する王弟アルフォンソ派の封臣ベリード・アドルフォに刺殺され、王弟がアルフォンソ六世として即位した。

ブルゴス教会

アルフォンソ六世即位後エル・シッドは、ベリード・アドルフォの処断などを条件に、旧敵アルフォンソ六世の封臣となり、その所領を安堵される。だがアルフォンソ六世の不信感が消えることはなく、また国王側近の有力貴族の反感も解消せず、一〇八一年エル・シッドは、所領没収の上、カスティーリャから追放された。

サン・ペドロ・デ・カルデーニャ修道院に妻ヒメーナと娘たちを預け、カスティーリャを後にしたエル・シッドは、ターイファ諸王の一人であるサラゴーサ王に傭兵隊長として仕え、アラゴン王やバルセローナ伯と干戈を交えた。アルフォンソ六世がサグラハスの戦いに敗れ、カスティーリャが重大な危機に直面したのは、まさにこの時期であった。そこでアルフォンソ六世はサラゴーサでの活躍により、アンダルスを含むスペイン全土に名を馳せた騎士、エル・シッドの追放処分を解き、カスティーリャへの帰還を許した。

一〇八九年エル・シッドは、アルフォンソ六世の命により、ムラービト軍の北上を食い止めるべく、軍事上の要衝バレンシアへの遠征を断行し、これを領有した。同時に反ムラービトという点で利害を共有するサラゴーサ王、バルセローナ伯、アラゴン王と宗教の枠を超えた相互援助協定を締結し、ムラービト軍の北上に備えたのである。

エル・シッドの墓所（サン・ペドロ・デ・カルデーニャ修道院）

ムラービト朝によるアンダルス支配にとって、最大の障害はエル・シッドの領有するバレンシアであった。バレンシアは、アンダルスに打ち込まれたキリスト教徒最大の楔であり、アンダルスを南北に分断していたからである。そこでユースフ・ブン・ターシュフィーンは一〇九四年、バレンシア奪還の軍事行動を開始するが、バレンシア近郊のクアルテでエル・シッドの前に敗退した。エル・シッドが「スペイン救国の英雄」と称されるのは、宗教の枠を超えた、騎士としての輝かしい軍功の故であった。しかしそのエル・シッドも一〇九九年、バレンシアで没し、間もなくバレンシアはムラービト朝の軍門に屈した。

バレンシアで没したエル・シッドの遺骸は、生地ブルゴスに移葬され、郊外のサン・ペドロ・デ・カルデーニャ修道院に埋葬された。このエル・シッドを主人公とし、史実とフィクションを綯交ぜにして、十二世紀後半〜十三世紀初頭に作られたのが、中世スペイン最大の叙事詩『エル・シッドの歌』である。

そこでは愛馬バビエカに跨り、名刀ティソーナを振るう華麗な騎士姿のエル・シッドが描出される。サンティアゴ巡礼者の中には、この叙事詩を耳にした者も決して少なくなかったであろう。サンティアゴ巡礼が、「西方十字軍」としてのレコンキスタ運動への間接的参加を意味したことを考えると、多くの巡礼者がサン・ペドロ・デ・カルデーニャ修道院へ参詣した可能性を否定できない。

国王都市

アルランソン川右岸に位置したブルゴスは、陸上交通の要衝に配された王権直属の国王都市であった。十〜十一世紀には市場と司教座都市が置かれ、国王もしばしば滞在して、政治・経済・軍事・宗教的中心地機能を担うようになる。十二〜十三世紀にはサンティアゴ巡礼の影響下に、商業・手工業活動が盛んとなり、「属域」の住民やフランス人、ユダヤ人、モーロ人（ムスリム）などの外部者も定住して、聖地サンティアゴや王都レオンと並ぶ、有力巡礼路都市へと成長した。

一五六一年にフェリーペ二世がマドリードを首都とするまで、スペイン、より正確にはカスティーリャ王国は、固定された首都をもたなかった。そうした中にあって、中世のブルゴスにはしばしば宮廷が置かれ、事実上の首都機能を担った。

ブルゴスも他の巡礼路都市同様、サンティアゴ巡礼路を中心とした長方形の都市プランをもち、サン・

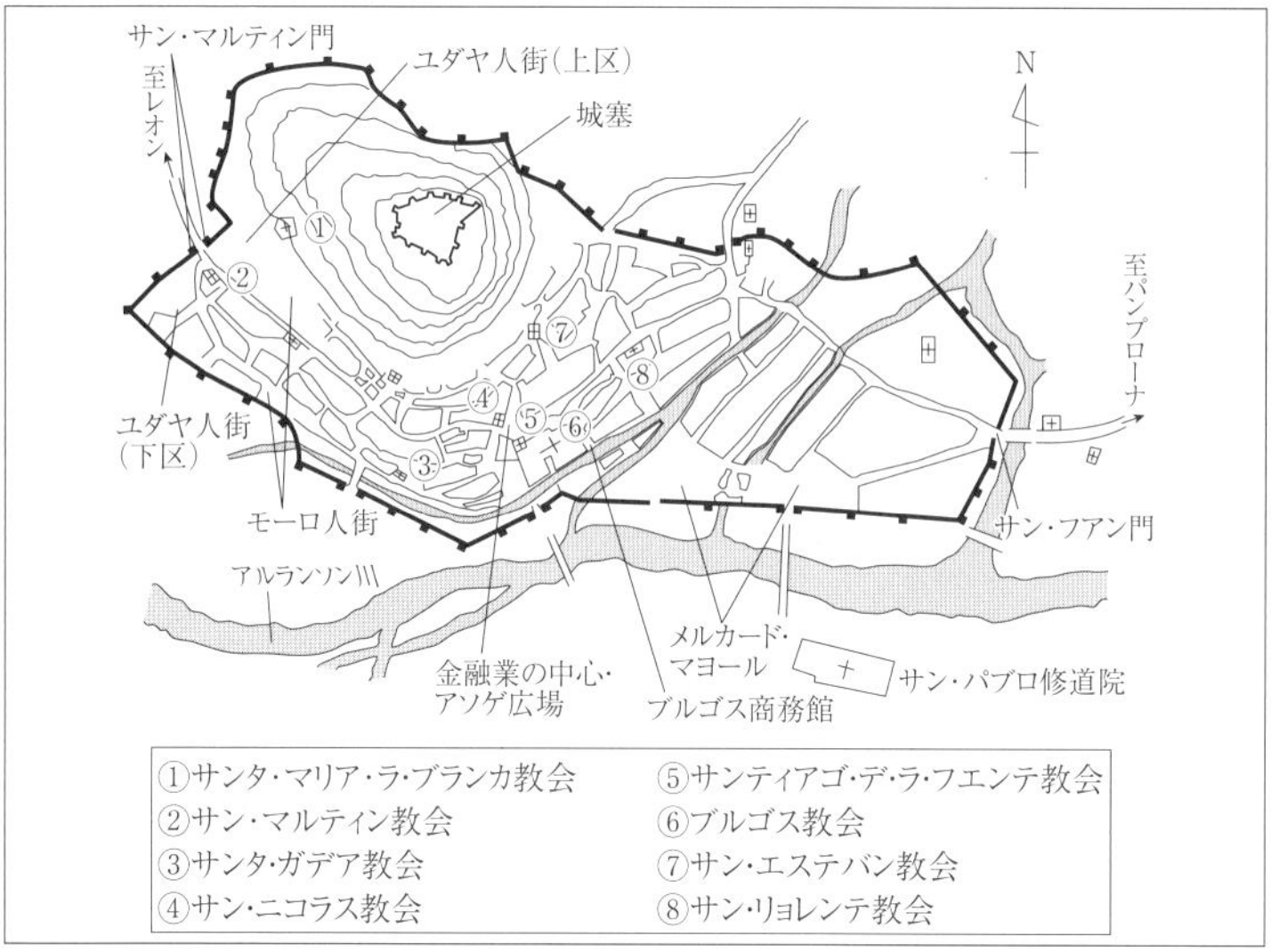

ブルゴスの都市プラン（15世紀）

ファン門からサン・マルティン門へ至る巡礼路が主要街路を構成した。経済活動の中心となったのは、サン・リョレンテ、サン・エステバン、サンティアゴ・デ・ラ・フエンテ、サン・ニコラス教区であり、これらの教区と司教座教会の近くには有力商人や下級貴族、都市役人、聖堂参事会員などが定住した。他方、都市南西部のサン・マルティン、サンタ・ガデア教区には手工業者、貧民、自治権をもつユダヤ人、モーロ人が居住し、住民の社会・経済・宗教的条件に基づく「棲み分け」が見られた。ユダヤ人やモーロ人の居住が、ブルゴスの経済的繁栄と不可分であることはいうまでもない。

国際商業都市として

有力商人や下級貴族、都市役人は、サンティアゴ兄弟団やヌエストラ・セニョーラ・デ・ガモナール兄弟団といった特定の兄弟団に結集し、兄弟団の運営する施療院を介して、巡礼者や貧民への慈善活動に参加した。これらの施療院や郊外のオスピタル・

デル・レイを含め、ブルゴスは都市内外に多数の施療院を維持したことで知られる。

アッシジの聖フランチェスコ（一一八一頃―一二二六年）が、サンティアゴ巡礼を実践したことから、フランチェスコ会はブルゴスやアストルガなどの巡礼路都市に修道院を運営し、巡礼路都市の貧民救済に尽力した。農村に立地するベネディクト会やクリューニー会などの伝統的修道会と異なり、フランチェスコ会は都市に基盤を置き、都市民衆の霊的救済を重視した修道会である。中世末期になるとフランチェスコ会は、モンテ・ディ・ピエタ（公益質屋）を梃子に、都市民衆向けの小規模な低利融資を行い、ユダヤ人高利貸しの手から都市民衆を救済したのであった。

週市は毎週土曜日、年市は毎年六月末にアソゲ広場やメルカード・マヨールで開催され、週市にあっては、「属域」住民との間で主として日用品が取引された。「属域」――市民的土地所有が広範に浸透した――も比較的大きく、中世末期のそれは東西約二十五キロメートル、南北約十五キロメートルにも達した。

靴職、大工、仕立て職、パン屋、肉屋など様々な職種の手工業、小売商業も展開されたが、ブルゴス経済を主として担ったのは、手工業、小売商業以上に国際商業であった。封建制の危機の時代にあたる十四～十五世紀、カスティーリャ経済の主軸は、東西軸（サンティアゴ巡礼路）からビルバオ、ブルゴス、トレード、セビーリャを結ぶ南北軸へと移動し、巡礼路都市の多くは衰微した。だが両軸の交点に位置するブルゴスは、西ヨーロッパとの羊毛貿易に支えられて順調な発展を続け、十五世紀末で人口約一万人、囲壁内面積約五十五ヘクタールの国際商業都市へと成長する。

王権直属の国王都市であったことから、教会・修道院都市のサンティアゴやサアグーンと異なり、激しいコミューン運動に直面することはなかった。しかし中世末期に市政を担った、レヒドール（国王が在地の有力住民の中から任命した都市役人）などの主要都市役人は、遠隔地商業や金融業に従事した、有力商人や下級貴族から選出されており、有力住民による寡頭支配という点で、国王都市と教会・修道院都市に大きな差はなかった。

こうした国王都市ブルゴスが、カスティーリャ経済に大きな影響力を行使するのが中世末期であり、羊毛輸出がその根源にあった。中世末期のカスティーリャ王国は、良質のメリノー種羊毛とワイン、オリーブ油などの輸出により、封建制の危機からの脱却を図った。その原動力となった都市のひとつが、ブルゴスである。

サンタ・マリア家やマルエンダ家などの有力コンベルソ（改宗ユダヤ人）家門を含むブルゴス商人は、バスク地方の主要都市ビルバオ経由で、大量の羊毛をイングランドやフランドル地方に輸出した。羊毛の輸出と高級毛織物製品の輸入を円滑に推進するため、ブリュージュ（ブルッヘ）やアントワープ、ロンドン、ナントなどには、ブルゴス商人の居留地や代理店が設立された。特に重要なのは、フランドル地方の中心都市ブリュージュ（ブルッヘ）のそれで、広範な自治権と商業裁判権を享受しつつ、羊毛貿易に重要な役割を果たしている。

中世末のブルゴスには、西ヨーロッパとの羊毛貿易拡大のため、商業裁判権をもつ商務館（コンスラード）が設立された。商務館は、ブルゴス商人の強い影響下に置かれた、メディーナ・デル・カンポ（ブルゴス南部の都市）の国際市場と共に、ブルゴスの国際商業ネットワークの中核を担った。国際商業都市ブルゴスの衰退が決定的になるのは、イングランドやフランスとの関係が悪化し、オランダ独立戦争が始まる十六世紀後半以降のことである。

二　巡礼路都市サアグーン

サアグーンは、ブルゴスとレオンの中間に位置する巡礼路沿いの投宿地で、サンティアゴ巡礼路を主要街路とし、その両端に家屋と店舗が立ち並んでいた。サンティアゴ巡礼者は、巡礼路沿いのラ・トリニダード門から市内に入り、サアグーン修道院や洗礼者ヨハネを祀ったムデハル様式のサン・ロレンツォ教会などに参拝して、ラ・バーラ門から市外へ抜けた。

荒廃したサアグーン修道院

ムデハル様式とは、イスラーム建築の影響を受けたキリスト教建築を指し、アーチ状のレンガとタイルなどを組み合わせた装飾的外壁に特色がある。

中小都市とはいえ、サアグーンは囲壁と巡礼者のための宿泊施設を備え、サアグーン北部の囲壁外には、シナゴーグを有するユダヤ人街とモーロ人街が形成されていた。週市はサンティアゴ巡礼が盛んとなる十一世紀末以降、毎週月曜日に都市北部の市門近くで開かれ、十二世紀半ば以降は聖霊降誕祭の三週間、年市も開催された。巡礼者は市内に投宿することも、巡礼行に必要な物資を買い揃えることもできた。

十二〜十四世紀末における、サアグーンの囲壁内面積は約九ヘクタール、「属域」は小規模で、教区教会数は八である。都市人口は十一〜十三世紀で二千〜三千人、十五世紀末で約三千人と推定される。

巡礼路都市サアグーンの起源は、二世紀末〜三世紀にこの地で殉教した二人の聖人を祀った祠堂に求められる。サアグーンの語源も、聖ファグンドと聖プリミティボという二人の聖人に由来する。聖ファグンドと聖プリミティボは、レオンの殉教聖人、聖マルセーロの息子といわれ、殉教の過程で様々な奇跡を顕現させた。二人の聖人を祀った小教会は、イスラーム軍の侵入により一度破壊されたが、九世紀末にモサラベ聖職者により修道院として再建され、小集落も付設されて、巡礼路都市サアグーンの原型が成立した。

アンダルス（イスラーム・スペイン）との境域に位置し、二人の聖人の遺骸を擁したことから、中世初期のサアグーンは、地方霊場として宗教的中心地機能も担い始めていた。サアグーンはシャルルマーニュ伝説との関係も深く、『サンティアゴ巡礼案内』によれば、サアグーン修道院はシャルルマーニュによる建立とされる。同書は聖ファグンドと聖プリミティボの祭日にも言及し、それを十一月十七日に設定している。

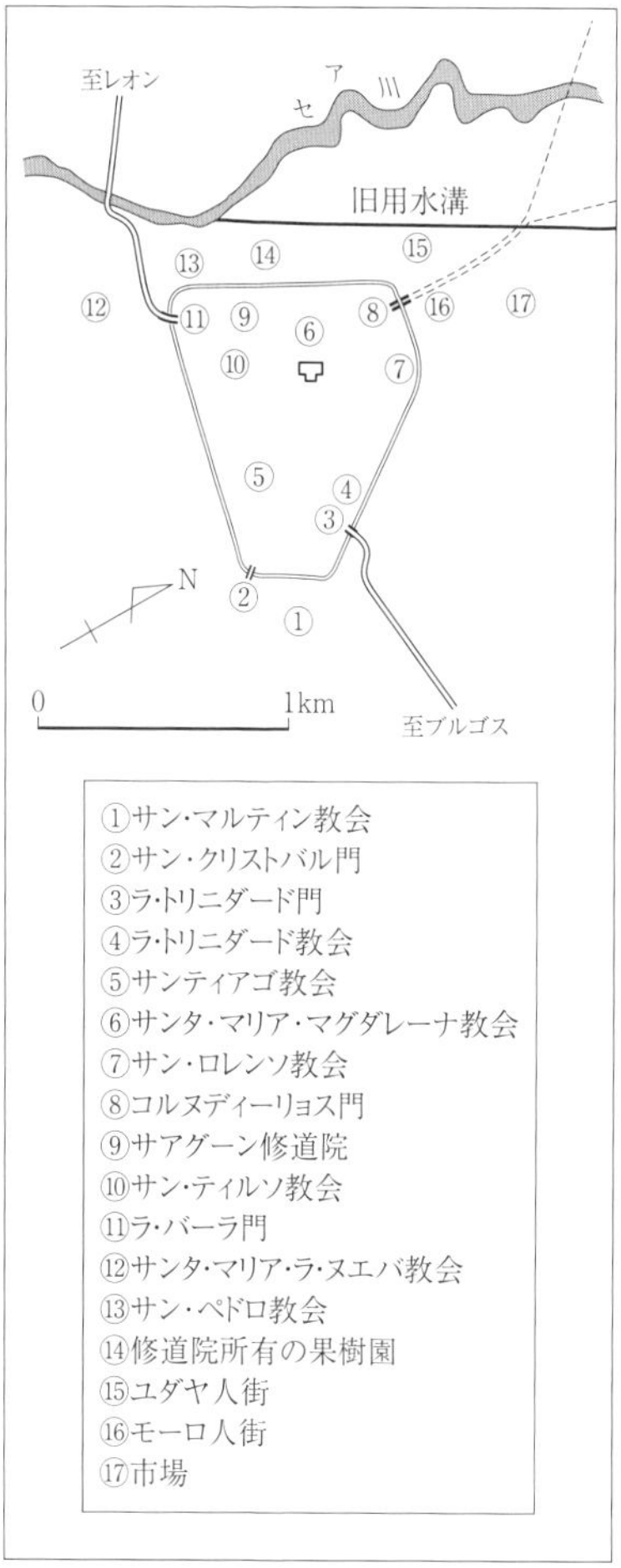

サアグーンの都市プラン

スペインのユダヤ人靴職

外国人が支えた都市

一〇七九年、西ヨーロッパへの開放政策を進めていたアルフォンソ六世の要請を受け、フランス人クリュニー会士がサアグーン修道院長に就任する。サアグーン修道院はクリューニー会系の修道院となり、カスティーリャ王国におけるクリューニー会の主要拠点として、サンティアゴ教会と共に、教会改革運動の主要推進母体となった。しかも教会改革運動は、アルフォンソ六世の国内改革と連動していたため、修道院と王権の関係はいっそう緊密化し、巡礼路都市の拡大を図る王権の保護下に、歴代修道院長は巡礼路の整備や外国人誘致策を積極的に推進した。

後にトレード大司教となる、フランス人修道院長ベルナール（在位一〇八〇―八六年）の時代には、「世界中の至るところから、多くの様々な職業の市民が蝟集してきた。鍛冶職、大工、仕立て職、皮革職、靴職、盾職がそれである。またガスコーニュ、ブルターニュ、ドイツ、イングランド、ブルゴーニュ、ノルマンディー、トゥールーズ、プロヴァンス、ロンバルディア人といった、様々な外国の地方と王国の人々……その他多くの外国人商人もやってきて……都市を小さからざるものとした」（『サアグーン匿名年代記』）。サンティアゴ巡礼の盛行と共に、サアグーンはピレネー以北、とりわけ南フランス出身の外国人商人や手工業者、小売商人を多数受け入れ、都市人口を大きく伸長させた。サアグーンは国王都市ブルゴスや聖地サンティアゴ以上に、フランス人入植者に大きく依存しつつ、都市的拡大を実現したのである。

十一世紀末には最初の都市法を付与され、市場や囲壁の建設も始まり、修道院の保護下にサアグーンは、都市的集落としての指標をほぼ充足させたのであった。サンティアゴ巡礼の拡大に支えられた都市的発展、都市領主主導の「観光開発」の一例である。

サアグーン最初の都市法である、一〇八五年の都市法によれば、都市住民は移動の自由と自由身分を保証されたものの、自治権は認められず、都市領主であるサアグーン修道院が、領主役人を介して一切の裁判権を行使した。そのためサアグーンでは、十二〜十三世紀に激しいコミューン運動が続発し、一二五五年の都市法に至って、三名の都市住民（有力住民）が修道院長により都市役人に任命され、「属域」も市民に開放されたのであった。

十三世紀後半には経済発展も著しく、鍛冶職や大工、靴職をはじめとする様々な手工業、パン屋や肉屋などの小売商業、胡椒や高級毛織物製品を扱う遠隔地商業、金融業が展開された。巡礼者向けの宿泊業や施療院が開設され、サアグーン経済がサンティアゴ巡礼に多くを負っていたことは間違いない。

一二五五年の都市法には、シナゴーグをもつユダヤ人に関する規定も盛り込まれ、ユダヤ人が巡礼路都市サアグーンにとって、無視できない存在になっていたことを窺わせる。当時のサアグーンのユダヤ人人口は、百二十人〜三百人と推定され、施療院で巡礼者の治療にあたるユダヤ人医者も確認できる。

近代化に取り残され

封建制の危機の時代にあたる十四〜十五世紀に入ると、王権の介入が強化され、コミューン運動も持続して、修道院の領主裁判権はいっそう弱体化した。カトリック両王期の一四九四年には修道院改革の余波を受けて、スペイン中部の主要都市バリャドリードのサン・ベニート修道院に併合され、独立した修道院としての歴史すら閉じるのである。だが修道院の領主裁判権は完全には消失せず、サアグーンが国王都市に転換する一五六〇年まで、それは両者によって分有されたのであった。

近世に入ると、サンティアゴ巡礼は衰退局面に入り、サアグーン経済を直撃する。サンティアゴ巡礼が停滞する中で、カスティーリャ経済の主軸も移動し、サアグーンは都市的発展の芽を摘まれた。サンティアゴ巡礼に支えられて成長・発展した巡礼路都市サアグーンは、一六世紀以降「化石化」し、近代化からも取り残された。

自由主義政策の一環として、教会・修道院財産が解放された一九世紀には、サアグーン修道院は住民の焼き討ちに遭い、ついに廃墟と化す。しかし巡礼路都市の面影を最もよく残すのは、サアグーンのような打ち捨てられた、地方の中小都市であるのかもしれない。

三　聖地サンティアゴ・デ・コンポステーラ

「聖なる都市」の誕生

「苦難の長旅」を続けてきた西ヨーロッパからの巡礼者は、郊外の「喜びの丘」で念願の聖地を望見し、聖ヤコブの加護に感謝した。

九世紀初頭に聖ヤコブの遺骸が「発見」されると、アルフォンソ二世は直ちに、その地にサンティアゴ教会を建立し、教会に隣接する領域を防備施設で囲んで、「聖なる空間」とした。サンティアゴ教会には小集落が付設され、十世紀にはサンティアゴ教会の周囲二十マイルが「属域」として教会に寄進される。こうして、ガリシア地方の有力都市サンティアゴの原型が形作られた。

十世紀の聖地サンティアゴの囲壁内面積は、約三ヘクタールで、人口は五百人前後であった。しかしやがて「属域」住民が、社会・経済的成長を期待して、中世都市サンティアゴに定住し、都市人口を増大させた。「属域」住民は、四十日以上市内に居住すれば自由身分を獲得できたからである。彼らは囲壁近くの商人・手工業者定住地に定着して、サンティアゴ経済を活性化させた。十一世紀に盛んに行われた都市と囲壁の拡張工事は、それを示すものである。

地方霊場として出発したサンティアゴ教会は、早くも十世紀半ばに外国人巡礼者を集め始め、十一世紀後半にはイリア・フラビア（エル・パドロン）に代わって、正式に司教座教会となる。十字軍やレコンキスタ運動を背景に、西ヨーロッパとの関係が緊密化し、外国人巡礼者が激増する十一世紀末〜十二世紀、サンティアゴの都市的拡大は決定的となる。その基盤を築いたのが、ガリシア地方の下級貴族家門の出身で、改革派ローマ教皇とも親交のあった初代サンティアゴ大司教ディエゴ・ヘルミーレスである。

ヘルミーレス時代の聖地サンティアゴ

一一〇〇年にサンティアゴ司教となったヘルミーレスは、ローマ教皇の意を汲んでローマ典礼の導入や聖堂参事会制度の改変など、一連の教会改革を断行した。前述したようにカスティーリャ教会ではこの時期まで、ローマ教会とは異なる西ゴート（モサラベ）典礼を維持しており、聖人名や祝祭日などの教会暦、年号に大きな相違がみられた。聖堂参事会制度の改変とは、司教から自立した財政基盤の確立と聖堂参事会員数の固定化を意味した。サンティアゴ教会の聖堂参事会員数は、イエスの弟子を象徴して七十二名とされた。

こうした教会改革を踏まえた上で、一一二〇年、教皇庁との交渉の末、スペイン中西部エストレマドゥーラ地方のメリダ大司教座の移転に成功する。ヘルミーレスが初代大司教に叙任され、サンティアゴ教会はトレード教会と並ぶスペイン有数の大司教座教会へと昇格した。大司教座移転がサンティアゴ教会の権威強化と、聖地サンティアゴの発展に大きく寄与したことはいうまでもない。

ヘルミーレスの時代は政治的にも社会・経済的にも、大きな転換期にあたった。サンティアゴ巡礼の盛行により巡礼路都市の成長と発展が促される一方、都市住民は都市領主（教会や修道院）の行使する領主裁判権への批判を強め、サンティアゴやサアグーンではコミューン運動が発生した。ムラービト軍の侵攻や、アルフォンソ六世を継承した女王ウラーカ（在位一一〇九—二六年）の「離婚」問題に端を発した政治・社会的混乱も、サンティアゴに大きな影響を与えた。

サンティアゴ教会

十二世紀の聖地サンティアゴでは、多数の巡礼者の流入を背景に、様々な商業・手工業活動が展開された。胡椒や絹織物などの奢侈品を扱う遠隔地商業、巡礼者に不可欠な金融業と宿泊業、パン屋・魚屋・肉屋・居酒屋などの小売商業、靴職・皮革職・鍛冶職・大工・石工・仕立て職をはじめとする手工業がそれである。聖地サンティアゴ特有の手工業としては、金属製の帆立貝製造職、聖ヤコブ像や十字架のペンダントを製造した黒玉細工職が、よく知られている。これら多様な商人や手工業者に加え、市内には聖堂参事会員、教会隷属民が居住し、フランス人街には多くの外国人商人も定住した。

一一〇五年の都市法によれば、サンティアゴの住民は、サンティアゴ教会の領主裁判権にのみ服属する自由人であり、結婚税や死亡税などの封建的負担と軍役の大半を免れた。しかし都市行政は、ヘルミーレスが側近もしくは親族の中から任命した、領主役人によって独占されており、都市住民は市政参加の道

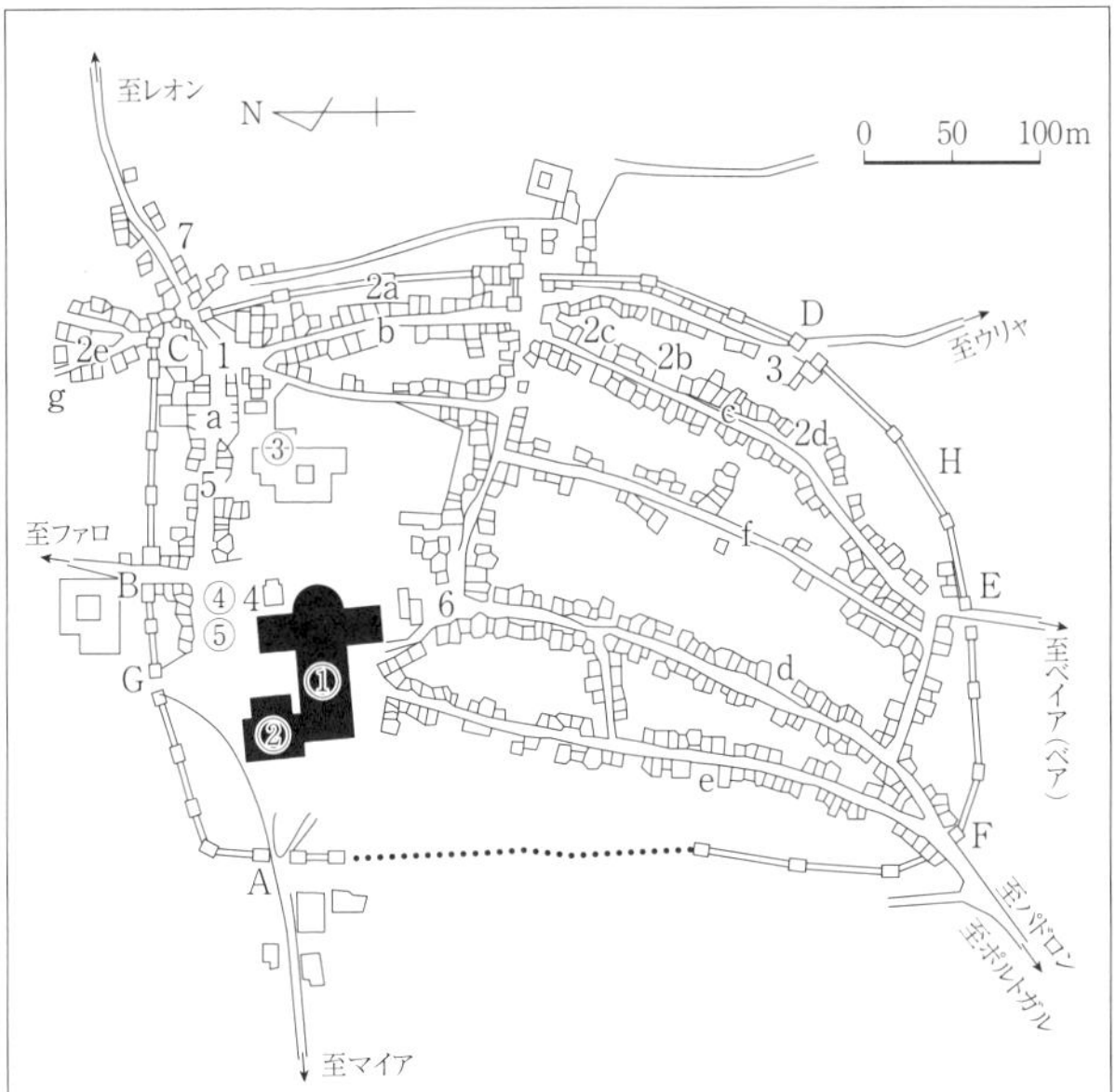

①	サンティアゴ教会	1	市場
②	大司教館	2a	印章職街
③	アンテアルターレス修道院	2b	鍋職街
④	造幣所	2c	鍛冶職街
⑤	施療院	2d	靴職街
A	ラ・トリニダード門	2e	毛織物職街
B	ラ・ペーニャ門	3	マサレーロス市場（果物やワイン市場）
C	巡礼路門	4	パライソ広場（巡礼者用市場）
D	マサレーロス門	5	両替商街
E	ラ・マモア門	6	金細工職街
F	ファヘイラ門	7	帆立貝職街
G	ソフラデス門		
H	城壁		
a	フランス人街		
b	告知塔		
c	カルデレリア街		
d	ビラール街		
e	ラ・フエンテ・デル・フランコ街		
f	ヌエバ街		
g	アルガラ街		

サンティアゴの都市プラン（12世紀初頭）

を閉ざされていた。下級貴族や反ヘルミーレス派の聖堂参事会員、有力商人によって指導された都市住民は、武装誓約団体を組織し、一一一六～一七年と一一三六年の二度にわたり、コミューン運動を展開して、市政への参加を求めた。

一時はヘルミーレスを追放してコミューン都市を実現したが、急進派と穏健派の対立、王権の介入により敗退し、首謀者約百名が追放される。反ヘルミーレス派の聖堂参事会員の参加は、ヘルミーレスによる側近や親族の積極的登用、典礼形態の変更に起因している。

王権の支持を取りつけて、第一次コミューン運動を克服したヘルミーレスは、一一三三年、食料品の確保と物価の安定を目的に市場令を発布し、聖地サンティアゴの経済秩序の再建に乗り出した。物価の安定が教会による流通税徴収と表裏一体であることは、いうまでもない。当時のサンティアゴでは、毎週金曜日に市場広場で、日用品を対象とした週市が開催され、聖ヤコブ祭に合わせ毎年七月に囲壁外で、奢侈品や家畜を扱う年市が開かれた。だが買い占めによる物価高騰や度量衡違反、劣悪な商品の販売が繰り返され、聖地サンティアゴの聖性と多くの都市住民の利益が、毀損されていたのである。

市場令によりタコやエビは、一リブラ（四百六十グラム）あたり六ディネーロ、牛肉は二ディネーロ、パンは三ディネーロとされた。石工や大工の日給が四～五マラベディ（一マラベディは六ディネーロに相当）であることを考えると、市場令は都市民衆にとってもメリットがあったろう。ローマ巡礼の経験のあるヘルミーレスは、市場令によって蓄積された多額の流通税収入、教会所領財産、巡礼者からの寄進財産などを、サンティアゴ教会を中心とする聖地サンティアゴの再建・拡大に投入し、聖ヤコブを祀るに相応しい大司教座都市の建設に着手した。

こうして十二世紀半ばには、囲壁内面積約三十ヘクタール、人口約四千人の「あらゆる魅力に満ちた使徒の崇高な都市」(『サンティアゴ巡礼案内』)サンティアゴが成立する。

堅固な囲壁に囲まれた十二世紀半ばの聖地サンティアゴは、南北約七百メートル、東西約四百五十メートルと南北に長い都市プランをもち、市門数は七であった。七つの市門のうち、最も重要なのは巡礼路門であり、ピレネー以北からの巡礼者は、郊外で清浄儀礼を行い、「喜びの丘」を経て、巡礼路門から市内に入った。

サンティアゴ教会は都市のほぼ中央に位置し、それに隣接して大司教館や聖堂参事会館、アンテアルターレス修道院などが建ち並んでいた。これらがサンティアゴ教会の北門付近にあった施療院、造幣所、パライソ広場などと共に、都市中枢部を構成した。聖ヤコブの遺骸を祀ったこのサンティアゴ教会こそが、聖地サンティアゴの聖性を担保する最大の「舞台装置」であったことは、いうまでもない。それ故『サンティアゴ巡礼案内』は、サンティアゴ教会の規模、扉口、祭壇について詳細に記述し、称賛するのである。

「まさしくこの教会には、何の不調和も瑕疵も見出せない。驚くほど広大で、広々と明るく、壮麗に建設され、広さ、奥行き、高さの調和がとれ、驚嘆すべく、いいようのないほどの出来であり、二階建てでまさしく王宮のようである。実際、上階を訪れた者は誰であれ、打ちひしがれて上ったとしても、この完璧なまでの聖堂の美しさに幸いあふれ、喜びに満たされよう」(『サンティアゴ巡礼案内』)。

聖地サンティアゴの主要街路が南北に走る中で、巡礼路門を起点とするフランス人街は、東西に走っていた。多くの巡礼者で喧騒を極めたこのフランス人街は、サンティアゴ経済の中枢であり、外国人を含む金融業者や遠隔地商人、宿泊業者の店舗や宿屋が軒を並べ、その西端には巡礼者向けの市場が開設されていた。

カルデレリーア街、アルガラ街、ピラール街北端のサンティアゴ教会南門付近には、鍛冶職や靴職をはじめとする様々な手工業者と商人が集住したし、ヘルミーレスが新設したヌエバ街には、商人や手工業者に加え、一部の下級貴族も定住した。手工業者の家屋は質素な二階建てで、一階は工房兼店舗に充てられ、二階が居住空間となった。

十三世紀以降の聖地サンティアゴ

聖地サンティアゴの成長と発展に支えられて都市住民は、十三世紀以降も自治権と国王都市への転換を求めて、サンティアゴ教会と対立した。十三世紀後半、大司教に批判的なアルフォンソ十世が調停に乗り出し、サンティアゴ大司教は十二名の都市役人のうち二名を、金融業や遠隔地商業に従事する有力住民の中から、任命せざるをえなくなる。部分的ながら、有力住民の市政参加が実現したのである。

しかし教会の領主裁判権が広範に維持されたことから、封建制の危機の時代にあたる十四～十五世紀、有力住民に指導された都市住民とサンティアゴ大司教の対立が再燃する。その総決算ともいうべきものが、「属域」住民も巻き込んだ十五世紀のイルマンディーニョスの反乱であった。聖地のイメージとは裏腹に、サンティアゴでは十二世紀以降も、自治権を巡る都市住民と教会の対立が継続していたのである。

聖地サンティアゴでは、十六世紀に入っても教会の領主裁判権が比較的強固に維持されており、市参事会を構成した主要都市役人レヒドールの約半数は、大司教の任命であった。主要都市役人と聖堂参事会員の多くは、都市内外に多くの動産と不動産を所有する、下級貴族や有力商人家門の出身であり、都市寡頭支配層を構成した。中世末期に人口約五千人、十六世紀に人口約六千～七千を数えた聖地サンティアゴでは、都市寡頭支配層の下に、小売商人や手工業者を中心とする多数の都市民衆が位置した。

都市民衆の多くは借家人であり、家賃や物価高騰の影響を受けやすく、「属域」農民が大量流入すると賃金も下落する。彼らは、都市貧民の潜在的予備軍を構成していたのである。貧民も少なくなく、一五八八年の人口調査によれば、貧民、寡婦、失業者総数は都市人口の約四分の一を占めた。

中世末期から近世の聖地サンティアゴでは、従来以上に多様な手工業と商業活動が展開され、印刷業という新たな職種も定着した。

現在のサンティアゴ・デ・コンポステーラ市中心部。中央、サンティアゴ教会の左手がサンティアゴ王立施療院（現パラドール）

こうした多様な職種の中で興味深いのは、サンティアゴの女性労働に関する黒玉細工職のギルド規約である。黒玉細工職は、外国人巡礼者の宿泊している施療院や宿屋に自分の妻や奉公人を通訳と共に派遣し、黒玉細工を売りつけていると批判された職種である。十五世紀半ばの同ギルド規約によれば、ギルド成員の寡婦は他の職種の男性と結婚しない限り、親方資格と店舗開設権を保障されていた。女性成員（寡婦）はギルドの役職者になれず、ギルド規約に署名することもできない、二義的成員にすぎなかったが、寡婦もギルド成員として認知されていたのである。

帆立貝職ギルドでも、女性成員（寡婦）は金属製帆立貝の製造・販売権を承認されており、巡礼者が土産物として購入した、黒玉細工と金属製帆立貝のいずれにおいても、女性（寡婦）への成員権が保証されていた。職業教育が不十分なため、女性を排除する傾向の強かった手工業ギルドにあって、黒玉細工と帆立貝職は寡婦に限定しつつも、例外的に女性に成員権を開放しているのである。アンドロギュノス（両性具有）としての巡礼者と、何らかの関係があるのだろうか。それとも帆立貝（女性の生殖器官）を、豊穣神の表象とみなす古くからの民衆信仰と関わっている、とみるべきなのだろうか。

ブルゴス、サアグーン、サンティアゴはいずれも、サンティアゴ巡礼の盛行を背景に都市的成長を遂げた巡礼路都市である。それぞれ都市の規模も都市領主も異なるが、サンティアゴ巡礼に支えられた中近世の「観光開発」の典型であり、サンティアゴ巡礼路を主要街路とし、長方形もしくはそれに近い都市プランを有した。十七世紀以降、巡礼路都市の成長と発展は停止するとはいえ、サンティアゴ巡礼が巡礼者の内面だけでなく、スペイン北部の都市形成にも大きな影響を与えたことは注目してよい。

第六章　巡礼と慈善

レオン教会の主祭壇

「宗教的救貧」から「世俗的救貧」へ

「神の貧民」である巡礼者には、心身の疾患を抱えているものが少なくなく、健常者であっても、巡礼行の途上で病気や怪我、疲弊する者が続出した。そのため巡礼路都市では教会・修道院や都市当局、兄弟団、王権などにより、巡礼者への「接待」施設として、施療院 hospital が開設された。施療院での巡礼者への慈善（救貧）は、巡礼者をイエスと同一視した聖書的言説の実践であるとともに、慈善主体の現世利益と霊的救済の手段と、考えられたためでもあった。巡礼者数の変動にもかかわらず、サンティアゴ巡礼路都市は、「神の貧民」救済の長い伝統を保持し続け、十六世紀前半までスペイン最大の「慈善空間」を構成したのである。

慈善活動の対象となった「貧民」は多義的概念であり、「神の貧民」としての巡礼者の他に、様々な境遇や身分の人々を包摂し、現代的意味での貧民、病人、孤児、貧しい未婚女性なども対象とされた。スペイン以外の西ヨーロッパ社会でも、「貧民」概念に基本的相違はなく、施療院が慈善活動の中心となった。救貧主体についていえば、十三世紀まで中心的役割を果たしたのは、教会・修道院であり、宗教的実践に基づく「宗教的救貧」を基本とした。それは封建的支配層の「寛容」の表明であり、少数の「貧民」を対象とした儀礼的救貧としての性格を強く帯びていた。中世末期から近世になると、教会・修道院のみならず、王権や都市当局、兄弟団といった俗人組織も参入し、多数の施療院が設立された。俗人組織の関与を意味する「世俗的救貧」が、封建制社会の危機に由来する多数の「貧民」の出現、都市的世界の拡充、王権の強化による「絶対王政」への傾斜と不可分であったことは、いうまでもない。

「貧民」観も中世末期以来、次第に変化した。十三世紀までの救貧は、寄進者――多くの場合、富裕者ないし権力者であった――の霊的救済を第一義的目的とした、儀礼的救貧であり、少数ながらも全ての「貧民」を受容する、「無差別の救貧」を原則とした。しかし中世末期から近世の「世俗的救貧」の時代には、社会秩序の維持や民衆の社会的規律化が重視され、「恥ずべき貧民（偽貧民）」と「真の貧民」を区別する、「差別的救貧（懲罰的救貧）」が救貧理念の基本となる。

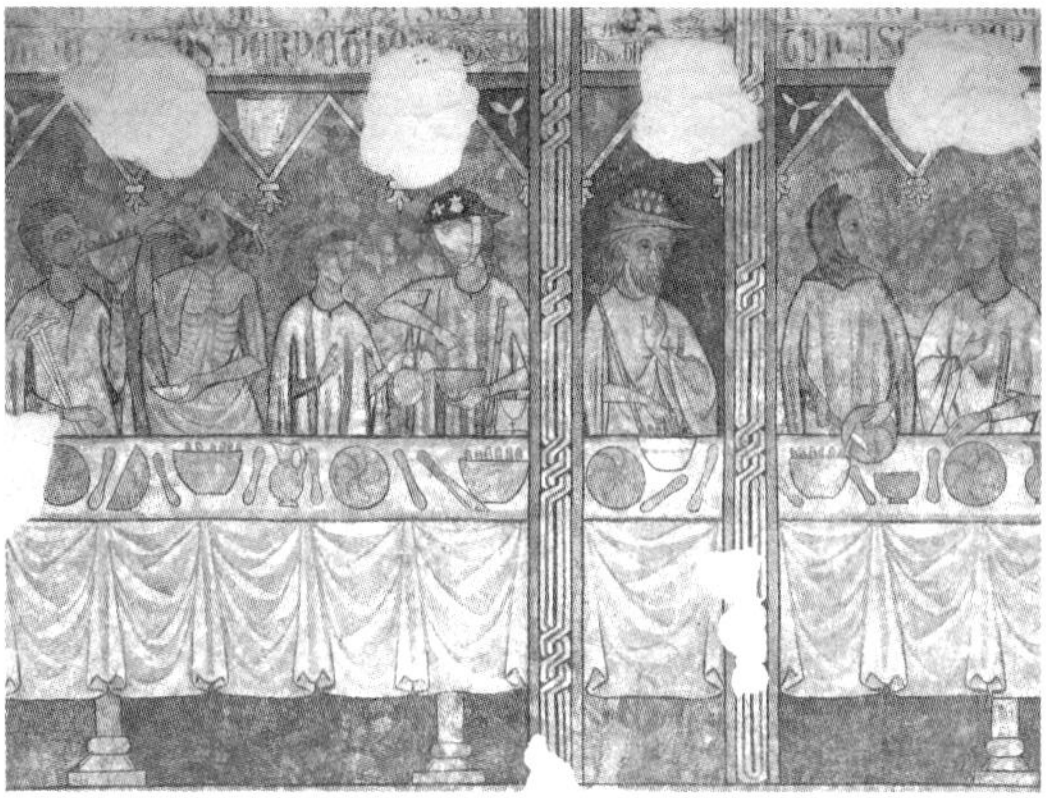

サンティアゴ巡礼者への慈善(1)

労働は神によって課せられた義務であり、十分な身体能力を持ちながら、慈善に頼って労働を忌避する「恥ずべき貧民（偽貧民）」は、社会秩序と「公共の利益」を損ない、神の恩寵獲得にも役立たない者とみなされたのである。救貧理念の重心は、来世から現世に移動したのであり、そうした中で「真の貧民」だけが救済の対象とされ、「偽貧民」の排除と隔離が進行した。社会的規律化の浸透と言い換えることもできる。

総合施療院の誕生

救貧主体や救貧理念の変化は、慈善施設としての施療院にも大きな影響を与えた。教会・修道院を主要な経営母体とした十三世紀までの救貧は、多数の小規模な施療院の併存による、いわば「分権的救貧」を特色としており、農村部への立地も少なくなかった。だが中世末期から近世にかけて都市当局や教会、王権が中心となって、これらの小規模な施療院が再編・統合され、総合施療院hospital generalがバルセローナ、セビーリャ、バレンシア、トレード、サンティアゴなどの主要都市に建設される。その嚆矢となったのが、十五世紀初頭のバルセローナに創設された総合施療院である。当時のバルセローナは深刻な社会・経済危機に直面し、貧民も急増して、新たな救貧システムの構築に迫られていた。そのモデルとされたのが、イスラーム世界のワクフ――モスクや施療院といった宗教・慈善施設運営のための寄進財産――と西ヨーロッパの大規模施療院であった。バルセローナ商人は、アレクサンドリアをはじめとするイスラーム諸都市にも居留地を構えており、イスラーム世界の救貧システムが「移入」されても、不自然ではあるまい。

主要都市に立地した総合施療院は、救貧活動の大規模化と効率化による「集権的救貧」を象徴するものであり、都市的救貧の強化を意味した。そこでの救貧対象者は「真の貧民」に限定され、医療サービスも拡充されて、ケアー(霊的救済)からキュアー(身体的治療)への移動が生じたといわれる。

王権と都市当局、教会は様々な限界を含みながらも、富者と貧者、病人と健常者を「同じ(キリストの)肉」を共有する者とみなし、キリスト教徒共同体の資源の一部を、慈善という「公共部門」に政策的に分配し始めたのである。十九世紀以降の社会福祉の萌芽とみなすことも可能であろう。

こうした慈善のありようの変化を、有力巡礼路都市レオンのサン・フロイラン施療院、中小都市アストルガの兄弟団の運営する施療院、そして聖地サンティアゴの王立施療院を例に、具体的にみていきたい。

一　中世末期の施療院——レオン、アストルガ

レオン教会

レオンのサン・フロイラン施療院

レオン地方の中心都市レオンは、巡礼路都市のブルゴス、サアグーンよりさらに西方に位置する。都市中心部にあるサン・イシドーロ修道院は、聖イシドーロ（十一世紀にレオンに移葬された、西ゴート時代のセビーリャ大司教）を祀った、スペイン・ロマネスク建築の傑作として知られる修道院である。サン・フロイラン施療院は、そのサン・イシドーロ修道院が巡礼者と貧民への慈善を目的に運営した施療院であり、十二世紀半ばにサン・イシドーロ修道院の門前に設けられた。巡礼路沿いに多数建設された、教会・修道院を母体とする中規模施療院の典型である。

　サン・フロイラン施療院の実態を窺わせる史料としては、対抗宗教改革期にあたる十六世紀半ばのものが伝来する。トリエント（トレント）公会議が開催された十六世紀半ば以降、スペインなどのカトリック諸国では、施療院や兄弟団への王権や教会・修道院の統制が強められ、サン・イシドーロ修道院長も定期的な施療院査察を義務づけられた。

　サン・フロイラン施療院は二階建てで、一階には大倉庫、鍵

のかかる大部屋、巡礼者が椅子に座って暖を取ることのできる暖炉部屋と台所が設えられていた。男性専用の一階の大部屋には、カーテンで仕切られた四台のベッドが置かれ、二人の男性巡礼者が一台のベッドを共有した。二階の間取りは、鍵のかかる大部屋一、煙突部屋二で、小部屋の一つと煙突部屋、大部屋にベッドが各一台ずつ配されていた。このうち二階の小部屋と煙突部屋のベッドは女性巡礼者専用、大部屋のベッドは聖職者ないし「名誉ある貧民」のためのものであった。

このように男女巡礼者の宿泊空間は、一階と二階に分離されていたが、実際には酩酊し宿泊規則を破る巡礼者も散見された。ベッドには枕とシーツ、毛布、ベッドカバーなどの寝具類が備えられていたが、古く傷んでいるものが多く、ベッドの一つは底が抜け落ちていた。礼拝堂を欠いた質素な造りと貧しい備品が、十六世紀半ばのサン・フロイラン施療院の基調であり、それは中世末期にあっても同様であったろう。

サン・イシドーロ修道院

巡礼者への慈善活動は、無料の宿泊・食事サービスと薪による暖房サービスが基本であり、病気や怪我をした巡礼者には、医療サービスも提供された。

イエスに倣い、洗足儀礼を経て受け入れられた巡礼者の宿泊は、一泊を原則とし、不品行な巡礼者の宿泊は拒否された。食事は巡礼路諸都市の施療院で一般的であったベネディクト会則に従い、健康な巡礼者の場合、一日あたりパン約四百五十グラム、ワイン小瓶一本が支給された。祝祭日には特別の施しが行われ、品数が増えて食事内容も変化した。

ハンセン病患者やペスト患者など、感染の危険があるとされた巡礼者は、宿泊を拒否されたものの、一般の心身疾患の巡礼者に対しては、医学の心得のある修道士または修道院の依頼を受けた医者が、無料でこれを治療し薬を給付した。健康な巡礼者の宿泊日数は一日に限定されたが、病気の宿泊者は回復するまで、重篤な巡礼者は病没するまでの看護を原則とした。

病没した巡礼者は、修道院の負担で付設墓地に巡礼服——来世での救済に有利な物証になると信じられた——のまま埋葬され、所持品売却益が埋葬費用の一部に充当された。サン・フロイラン施療院は礼拝堂を備えていなかったため、客死した巡礼者への宗教サービスは、隣接するサン・イシドーロ修道院で執り行われた。

サン・フロイラン施療院の財源は、サン・イシドーロ修道院財産の一部と寄進財産から構成された。十五世紀半ばの財産目録によれば、同施療院はレオン市内に多数の家屋と水車、果樹園、牧草地を有したのみならず、レオン近郊の村落に小麦畑とブドウ畑を中心とした百ヘクタール以上の土地を所有した。これらからの地代収入と家賃収入が、サン・フロイラン施療院の基本財源となった。

施療院の管理・運営上の最高責任者は修道院長であるが、実際にそれを担ったのは、修道院長の任命した一名の施療院担当修道士であった。中世末期になると施療院担当修道士は、地代や家賃の徴収、施療院の維持・管理にあたり、巡礼者への宿泊・食事・暖房サービスは、修道院と関係の深い有給の俗人奉公人の手に委ねられた。

俗人奉公人は夫婦で施療院に住み込み、夫は建物の修理や薪の準備、病人が発生した場合に修道院との

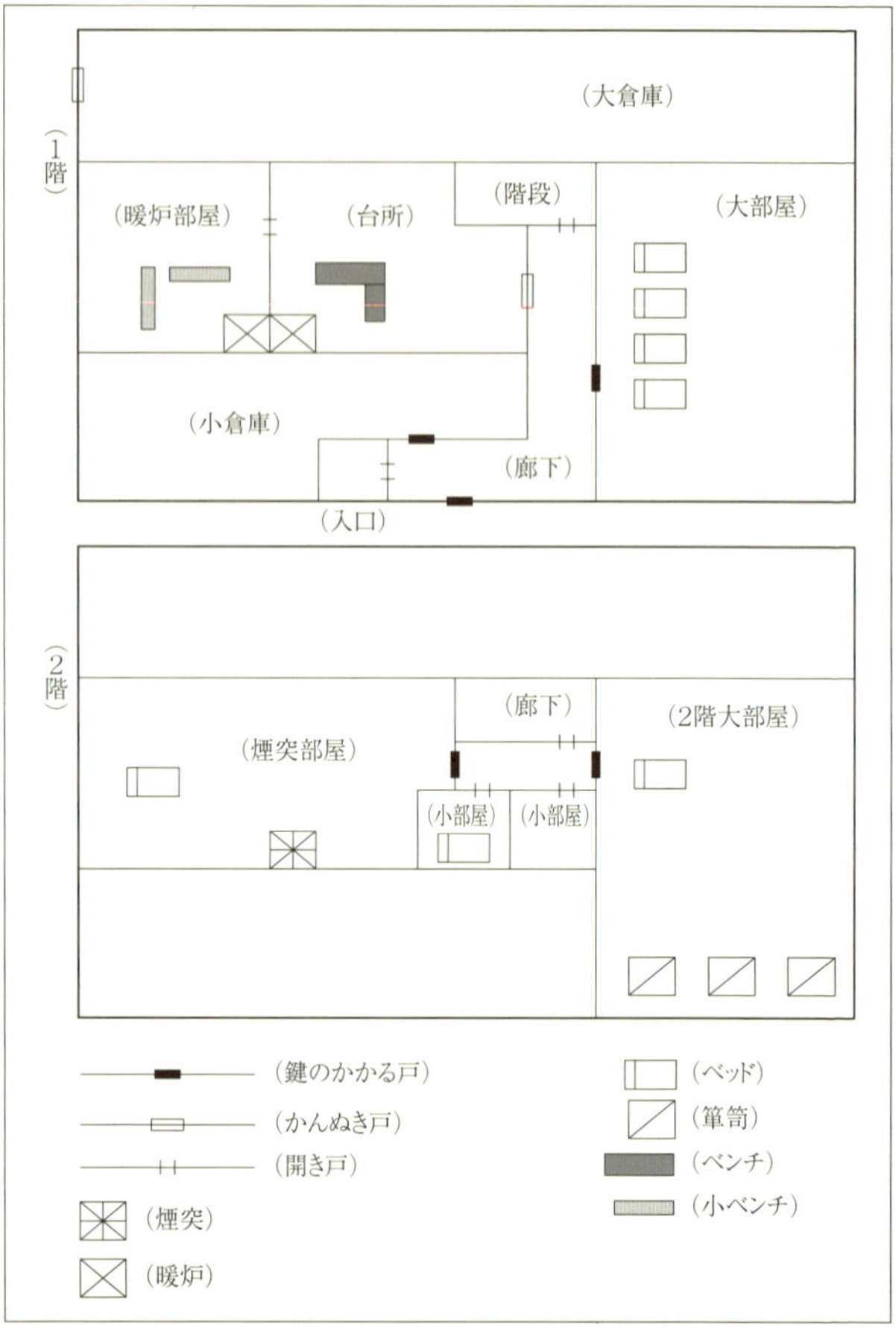

16世紀のサン・フロイラン施療院の平面図

連絡にあたる一方、妻は炊事、洗濯、ベッドメーキング、衣類の繕いなどに従事した。その他に、病気の巡礼者の世話をする看護士と門番が、各一名置かれた。

施療院の最高責任者であった修道院長は、毎年定期的に施療院を査察し、それに基づいて食料品や備品の補給、修理を行い、また施療院の秩序維持のための施策をとった。サン・フロイラン施療院は、施療院担当修道士を含め五名で維持・運営された施療院であり、運営主体のサン・イシドーロ修道院の威信強化にも大きく寄与した。

アストルガの在地型兄弟団

レオン西方の巡礼路都市アストルガは、「銀の道」との交点に位置する中小都市であり、十五〜十六世紀には囲壁内面積約十二ヘクタール、人口約二千五百人を数えた。

封建制の危機の時代にあたる中世末期、アストルガの市政を掌握したのは、一部の有力商人と下級貴族から構成される都市寡頭支配層で、その下に小売商業や手工業に従事する多数の都市民衆が位置した。サンティアゴ巡礼と都市経済が停滞し、「貧民」が構造化されて、多くの兄弟団が組織されたのも、この時代であった。

アストルガの施療院

アストルガの施療院は、兄弟団を主体に運営された。施療院の慈善サービスの内容を見る前に、この地に組織された兄弟団の実態について言及しておきたい。

前述のように兄弟団は、会員の相互扶助と連帯を目的として、特定の守護聖人の保護下に、自発的に結成された社会的結合である。女性や聖職者、生者のみならず死者も含めた「擬制的家族」であり、総会で選出された一年任期の役職者を中心に、慈善活動(聖書的言説の実践)を行い、会員への自治権も

アストルガ教会

行使した。貧窮したり病気になった会員や、イスラーム軍に捕らえられた会員への物的霊的援助、死亡した会員の葬儀と追悼ミサ、宴会や祝祭時の饗宴（共食）、訴訟時の会員保護は、兄弟団の相互扶助と連帯の表明であった。

慈善活動の主な対象は会員であったが、その延長線上に外部の貧民や病人、「神の貧民」たる巡礼者への慈善活動が施療院で展開された。外部者への慈善は、兄弟団の安寧と会員の現世利益に効験があると考えられたためでもある。兄弟団による慈善活動は、封建制の危機や心性の変化を背景に、中世末期以降ますます盛んとなった。

巡礼者のための兄弟団としては、前述した聖ヤコブ兄弟団があまりにも有名であるが、これらの国際的兄弟団の他に、巡礼路都市には様々な在地型兄弟団が組織された。中世末期から近世における、アストルガのサン・エステバン（聖ステファノ）兄弟団やシンコ・リャーガス（五つの聖痕）兄弟団は、そうした在地型兄弟団の一例である。サン・エステバン兄弟団は中世末期のアストルガ最大の兄弟団で、十五世紀には女性を含む百人以上の会員を擁した。それと並ぶ有力兄弟団のシンコ・リャーガス兄弟団は、より効率的な慈善活動実現のために五つの小規模兄弟団を再編して、十六世紀半ばに発足した兄弟団である。

アストルガの兄弟団は、兄弟団の起源、会員の職業・身分構成、救貧活動の内容などにより、幾つかの類型に区分された。その中で最も重要なものは、「慈善活動のために存する」とされた信心会型兄弟団であり、サン・エステバン兄弟団とシンコ・リャーガス兄弟団は、それを代表するものである。いずれの兄弟団においても、会員は都市と「属域」の正会員と免除会員から構成され、そのほかに少数の施療院管理人や、会員を総会や葬儀に招集する触れ役などの下級専従職を含んでいた。

役職者と一般会員からなる正会員は、病気などの場合を除き兄弟団の総会や祝祭、会員の葬儀やミサに参列しなければならず、違反者は罰金を科せられた。免除会員は正会員とは異なる入会金の支払いを条件に、義務の一部を免除された特別会員であり、免除会員には「属域」の会員も含まれていた。

総会は兄弟団の守護聖人の祭日に、兄弟団本部の置かれた施療院などで開催され、病気の会員と女性を除く全ての会員が参加を義務づけられた。総会は兄弟団長が司宰し、そこで役職者の選出、新会員の紹介、規約改正、会計報告が行われるとともに、総会終了後に会員の親睦のための宴会が催された。

一般に兄弟団執行部は、兄弟団長、財務担当（会計担当）、書記から構成された。会員間に係争事件が発生した場合、兄弟団長は会員への下級裁判権を行使し、最初から都市裁判所に提訴した会員は除名された。兄弟団長は兄弟団の平和を担った執行部代表で、兄弟団自治の体現者であった。財務担当は財産の管理と施療院の監督、兄弟団長の判決執行に従事し、書記は会員名簿の作成や総会議事録の作成・管理に携わった。

これらの兄弟団執行部（役職者）は、都市寡頭支配層によってほぼ独占されたが、それは水平的結合を目指したアストルガの兄弟団が、現実には封建制社会の構成原理である垂直的結合との交点の上にしか成立しなかったことを意味する。

兄弟団の主要財源となったのは、都市内外の動産と不動産からの家賃及び地代収入、入会金と罰金収入

「貧民」への慈善

「貧民」

である。しかし財政基盤は、基本的に脆弱であった。しかも兄弟団収入の多くは、役職者や下級専従職の俸給、饗宴などの祝祭関連費用に充当され、施療院での救貧費用に充てられたのは、兄弟団収入の十パーセント前後に過ぎなかった。施療院での救貧活動は当然、貧弱なものとならざるをえなかった。

「貧民」への接遇

アストルガの兄弟団は貧弱な財源を前提に、それぞれの施療院で慈善サービスを提供した。それは神の恩寵を期待して行われる福音書の実践、「富の社会的還元」の表明であり、不十分ながらも、構造化された地域の貧困や病気への対応策の一つであった。

施療院での慈善活動の対象となったのは、まず第一に都市内外の兄弟団会員、次いで会員の家族と奉公人であり、その延長線上に病人や巡礼者を含む、外部の「貧民」が救済された。しかしハンセン病患者は、囲壁外の特定の施療院に「閉じ込め」られ、アストルガ教会による統制が強化された一五二一年以降は、「恥ずべき貧民」

も兄弟団の施療院から排除された。「貧民」を選別し、神の恩寵に寄与する「真の貧民」だけを受容しようとの姿勢が、鮮明に打ち出されたのである。

兄弟団の脆弱な財政状況を反映して、施療院の設備は貧弱であった。建物は質素な二階建てで、最大収容人数は十数人であり、備品も宗教・祝祭用備品に重きが置かれた。

施療院を直接管理したのは、財務担当の監督下に置かれた施療院管理人である。施療院管理人は夫婦で施療院に住み込み、財務担当から貨幣と現物の混合給、慈善活動に必要な物資を支給されつつ、「貧民」を接遇した。十六世紀とりわけトリエント公会議以降になると、視察官と呼ばれる専門の施療院監督官二名が訪れて、「貧民」の受け入れ状況を査察し、慈善活動の効率化が図られた。

慈善サービスの内容は質素な宿泊・食事サービス、医療サービス、宗教サービスが主たるものであった。「貧民」の宿泊日数は原則として二日以内、食事はパン、ワイン、野菜を基本とした。十六世紀末の一日平均の食事代は、二十〜三十マラベディほどであったが、これは当時の手工業者の平均日給の四分の一〜二分の一に相当する金額である。

病人には薬草や軟膏が給付されたし、兄弟団の雇用した医者が、病人を無料で治療することもしばしばであった。宗教サービスとしては、兄弟団が教区司祭に依頼して「貧民」の霊的救済にあたらせたり、施療院で死去した「貧民」の葬儀を、兄弟団の負担で執り行ったことが知られている。宗教サービスは兄弟団の設立目的に適うものであり、中近世ヨーロッパの集合心性の表象でもあった。

二　集約化される慈善——サンティアゴ王立施療院

王権直属の施療院

サンティアゴ王立施療院は、十五世紀末にカトリック両王によって聖地サンティアゴに建設された、近世スペインを代表する王権直属の総合施療院の一つである。十九世紀初頭に裁判権を喪失し、地方の一施療院に転落するまで、ガリシア地方の巡礼者、貧民、病人、孤児、傷病兵の救済に重要な役割を担った。十六世紀初頭に建築家エンリケ・エガスによって建設された同施療院が、スペインを代表する五つ星ホテル（パラドール）として再生されるのは、一九五三年のことである。

グラナダ戦争中に、サンティアゴ王立施療院の設立を決定したカトリック両王は、グラナダ陥落直後の一四九二年五月、聖ヤコブの執り成しによるレコンキスタ運動完了に感謝し、同施療院に聖ヤコブ祈念課税の三分の一を寄進した。カトリック両王によって寄進された聖ヤコブ祈念課税とは、旧グラナダ王国の全てのキリスト教徒とムスリム——多くは一五〇二年のムデハル（キリスト教徒支配下のムスリム）追放令により、モリスコ（改宗ムスリム）へと転じた——に課せられた現物（穀物）課税をさす。

次いで一四九九年、カトリック両王は、スペイン出身のローマ教皇アレクサンデル六世（在位一四九二—一五〇三年）から設立認可を得、十二世紀以来の旧施療院を基盤に、巡礼者を主対象としたサンティアゴ王立施療院の建設に着手した。十二世紀以来の旧施療院が、『サンティアゴ巡礼案内』に記された、サンティアゴ教会の運営する教会北門前の施療院であることはいうまでもない。聖年にあたる一五〇四年までには施療院規約を制定し、サンティアゴ王立施療院監督官を兄弟団長とする、新たな聖ヤコブ兄弟団も発足している。

この聖ヤコブ兄弟団は、サンティアゴ王立施療院の維持とそこでの慈善を目的に、王権により上から組織された社会的結合の好例である。それは性別、身分、職業、居住地域を超え、全ての人に開かれた開放的結合を基本とし、入会金の一部や剰余金を同施療院に寄進してそれを外部から支えた。入会金は四十マラベディとされ、十五世紀末の手工業者の日給とほぼ同額であった。

グラナダに入城するカトリック両王

新たな聖ヤコブ兄弟団の会員は、兄弟団長を務めたサンティアゴ王立施療院監督官以下の職員、サンティアゴ市民などから構成され、聖ヤコブの殉教した七月二十五日にサンティアゴ王立施療院で総会を開催した。また十一月二日には、サンティアゴ王立施療院の礼拝堂で、昇天した巡礼者のための追悼ミサが執り行われた。会員である巡礼者がサンティアゴ王立施療院で没した時には、鐘を打ち鳴らして市内の全会員が招集され、会員は葬儀への参列義務を負った。サンティアゴ王立施療院には、聖ヤコブ兄弟団の会員名簿が備えられており、両者は緊密な関係を維持しつつ、聖地での慈善活動を展開したのである。

ローマ教皇庁の承認を得て発足したサンティアゴ王立施療院は、紆余曲折を経た後、最終的に王権直属の施療院と

20世紀初頭のサンティアゴ王立施療院正面

され、国王裁判権に服属した。王権直轄であったことから、同施療院は教会裁判権や都市裁判権を免れたのであり、地方への王権拡大の手段としても機能した。サンティアゴ王立施療院は、王権がサンティアゴ教会所領内に打ち込んだ、「政治的楔」に他ならなかったのである。

そのためサンティアゴ大司教と裁判権を巡る対立が続発したが、一五一一年の教皇ユリウス二世（在位一五〇三―一三年）の教勅により、同施療院のもつ広範な裁判権が追認された。すなわち、王権の任命したサンティアゴ王立施療院監督官が、施療院職員相互や施療院内部で発生した全ての民事・刑事事件への裁判権を有したのみならず、施療院の司祭も大司教の承認なしに秘蹟を授けることができたのである。慈善活動のための薪と食料品を優先的に購入できる先買特権も、同施療院の特権的地位を象徴している。

施療院建築という点で、サンティアゴ王立施療院が礼拝堂を中心に十字形の平面プランをもち、全ての病室のベッドが礼拝堂の方向に向けられていたことにも、注目しておきたい。礼拝堂を中心とする十字形の建築様式は、中世以来の修道院建築に通底するものであったし、それは慈善活動によるスペイン国王の救霊という目的にも連動していた。施療院職員の大多数の共同生活と共同の食事、食後の神とスペイン国王のための祈りも、修道院との親近性、宗教的機能の重要性を端的に示している。

それればかりではない。礼拝堂と病室の有機的関係は、病気の原因を原罪に帰する伝統的病因観とも不可分であった。神の恩寵による病気治癒のためには、聖ヤコブの神への執り成しが不可欠である。だからこそ礼拝堂は、平面プランの中で中心的位置を占めたのである。

施療院財政

サンティアゴ王立施療院の主要財源となったのは、王権から寄進された聖ヤコブ祈念課税の三分の一と公債売却益であった。十七世紀初頭において聖ヤコブ祈念課税は、全収入の約四十三パーセント、公債売却益は約三十二パーセントを占め、併せて約七十五パーセントに達した。

同施療院は十六世紀半ばまで、旧グラナダ王国で徴収された現物地代を、免税特権を利用して聖地サンティアゴまで搬送していた。しかし穀物の搬送費用が高くついたため、十六世紀半ば以降は穀物をアンダルシーア地方で売却し、その売却益を為替手形を使って送金させ、フランス中西部ブルターニュ地方の安価な穀物を輸入したのであった。海上交易や為替手形を含む商業技術の発展が、それを促した主要因であった。

アンダルシーア地方での穀物売却は、凶作時の同地方の貧困緩和とサンティアゴ王立施療院の収入増の双方に寄与し

サンティアゴ教会とサンティアゴ王立施療院（向かって左側の建物。現パラドール）

た。為替業務に従事したのは、当時の国際金融市場であったメディーナ・デル・カンポと地元サンティアゴの金融業者である。同施療院の主要な財政基盤の一つが、金融ネットワークに支えられていたことは注目してよい。最大の財源が聖ヤコブ祈念課税に求められたことは、サンティアゴ王立施療院の存続がガリシア地方よりも、アンダルシーア地方の収穫状況に大きく依存していたことを意味する。

公債はサンティアゴ大司教管区で徴収された流通税収入を基礎に、王権により発行され、毎年サンティアゴ王立施療院に寄進されたものである。同施療院は年十万マラベディに上るこの公債を売却し、聖ヤコブ祈念課税に次ぐ収入源としていた。

また同施療院は、都市内外に穀作地、ブドウ畑、果樹園といった土地や家屋も所有し、それらを「属域」農民やサンティアゴ市民に貸与して、地代と家賃収入も得ていた。その他にガリシア地方の一部教区からの十分の一税、聖ヤコブ兄弟団や個人からの寄進、施療院で没した巡礼者や病人の所持品売却益なども収入としていたが、これらの比重は、聖ヤコブ祈念課税と公債売却益の合算収入に比べると、圧倒的に小さかった。

一方、支出についていえば、施療院内外の乳母や司祭を含めた聖俗職員の俸給――現物と貨幣の混合給――に全支出の三十八パーセント、共同生活を義務づけられた職員などの食費に約二十パーセント、また病人や巡礼者の食費に十七パーセントを費やした。その他の支出項目としては、施療院の修繕・維持費用約七パーセント、シーツや毛布などの寝具類と食器代約七パーセント、薬剤費約五パーセント、調理・暖房用の薪や木炭、照明用の蠟燭代約四パーセント、祝祭やミサ、施療院の特権維持のための裁判費用約二パーセントを挙げることができる。

食費を加えた施療院聖俗職員の人件費だけで、全支出の約六十パーセントを占める一方、慈善活動にとって重要な意味をもつ、病人や巡礼者などへの食費と薬剤費の支出は、施療院支出の約二十二パーセントに抑えられていたのである。これらの支出配分は、サンティアゴ王立施療院がスペイン国王の救霊を第一義的目的とし、慈善はそのための手段に過ぎなかったことと、密接に関連している。

施療院の組織体制

王権の直轄下に置かれたサンティアゴ王立施療院は、施療院監督官の下で共同生活を送る、多数の聖俗職員を抱えていた。十八世紀半ばの聖俗職員数五十六名からみて、十六世紀にあっても、これに近い数の職員を擁していたものと思われる。

固有の裁判権をもつ施療院組織の頂点に位置したのは、王権によって任命された一名の施療院監督官であった。施療院監督官に任命されたのは、司教や聖堂参事会員といった高位聖職者、国王役人であり、当初、任期規定はなかったが、一五九〇年以降は三年任期とされた。施療院監督官は財務担当、書記、司祭、医者、薬剤師、看護士長などから構成される施療院評議会を司宰し、その助言を得て裁判権を行使した。全ての施療院職員は、この施療院監督官の裁判権に服したのである。

裁判権の行使に加え施療院監督官は、施療院特権と国王特権の維持にも意を用いた。財務担当（一名）は、施療院監督官の推薦を受けて、国王行政機関であるカスティーリャ諮問会議（カスティーリャ王国を管轄領域とした中央行政機関）により選任され、医者と並んで例外的に施療院への居住義務を負わなかった。財務担当は施療院財産の管理・運営、地代徴収の責任者であり、施療院監督官が聖職者の場合、俗人職員の筆頭となった。施療院関連文書の作成と管理にあたった書記（一名）は、施療院監督官と同様に王権による任命であった。

施療院での医者による診察と治療

司祭（八名）は施療院監督官による任用で、スペイン人司祭（四名）と外国人司祭（四名）から構成された。王権はそのうちの一名を司祭長としたが、施療院監督官が俗人の場合、この司祭長が聖職者職員の筆頭となった。司祭は毎日、礼拝堂で神とスペイン国王のためにミサを執り行い、巡礼者や病人の霊的救済にも携わった。これら八名の司祭の下に、ミサや葬儀で司祭の助手を務める四名の助祭が置かれた。

内科医（二名）と外科医（一名）から成る医者は、カスティーリャ諮問会議の選任であり、毎日、施療院を回診して、病人の治療にあたらねばならなかった。施療院での医療行為と同時に、内科医と外科医は、施療院外で有料診療も行うことができた。薬剤師（一名）も、カスティーリャ諮問会議の任用であった。これらの医者と薬剤師は、「血の純潔規約」に基づき、四世代を遡ってユダヤ人やムスリムの「血」の混じっていない、「旧キリスト教徒」であることが条件とされた。

さらに同施療院には、男性患者の世話をする看護士七名と男性看護助手六名、女性患者のための看護婦五名と女性看護助手三名が配置されていた。看護士のうちの一名は看護士長とされ、施療院監督官の推薦を経て、カスティーリャ諮問会議により任用された。これに対し看護婦長は、五名の看護婦の中から施療院監督官によって指命されたのであった。看護士、看護婦、男女の看護助手は、医者や薬剤師の指示を受けて、病人への配膳や投薬、ベッドメーキングなどに従事した。

ガリシア地方で唯一の孤児院を併設した同施療院は、多数の孤児を扶養しており、孤児の世話をする二名の乳母も雇用していた。しかし二百名近くに上った孤児に比べて、常雇用の乳母はあまりにも少なく、貧しい「属域」農民に多数の孤児の養育を委ねざるを得なかった。この他に王立施療院は料理人、門番、物資の分配・配達係、庭師、掃除夫、洗濯女などの下級職員、鍛冶職、大工、仕立て職、裁縫師、鍋職、金銀細工師といった手工業者、それに裁判のための法律顧問も雇用していた。

以上のようにサンティアゴ王立施療院は、他の施療院に比べ極めて整備された組織体制を敷いていたのである。

地域住民に広がった慈善対象者

サンティアゴ王立施療院は、もともと巡礼者のための宿泊施設、一時的治療施設として設立されたものであり、健康な巡礼者の滞在日数は三日以内に限定された。同施療院には、前述のように孤児院が併設されており、一五一二年以降、孤児の組織的救済も開始した。巡礼者が大幅に減少した十六世紀中葉からは、地域住民の支持を得るため、ガリシア地方の病人も受け入れるようになり、施療院の慈善活動の重心は、次第に地域の病人に移動してゆく。しかし病人の平均滞在日数は、十七世紀に入っても二十日程度にとどまっていた。長期療養を必要とする重病患者やペスト、天然痘、ハンセン病などの感染症患者が拒否されたためである。重病患者や感染症患者には、特化された施療院が準備されており、彼らはそれらの施療院に「閉じ込め」られた。

以上のような制約が課せられたとはいえ、同施療院が地域の住民に開かれたことの意味は大きい。中近世スペインにおいて、貧しい都市民衆と「属域」農民の大多数は、高い治療費と医者の都市への偏在に苦しめられており、医者による施療院での無料の医療サービスは、彼らにとって「福音」であったに違いない。

十六世紀後半に「属域」から流入した多数の貧民にとっても、同様であったろう。それは富者と貧者に同一の医療サービスを提供する、「医療の社会化」の表明であるとともに、民衆の不満を抑制し、社会秩序を維持するための手段でもあった。

しかし無料の医療サービスを享受できたのは、罹患した「真の貧民」に限定された。十六世紀前半にカルロス一世は、ファン・ルイス・ビーベスの『救貧論』を踏まえて、「貧民」の差別化と「恥ずべき貧民」の排除、社会的規律化を骨子とした王令を発している。ビーベスはバレンシア出身のコンベルソ（改宗ユダヤ人）だが、異端審問所の摘発を恐れ、主にスペイン領フランドル地方で活動した人文主義者である。凶作や飢饉による貧民の増加を背景に、そのビーベスが強調したのが、都市当局（俗権）による組織的救貧と社会的規律化の必要性であった。サンティアゴ都市当局も同様の規制を実施しており、王権の直轄下に置かれたサンティアゴ王立施療院が、「恥ずべき貧民」を排除したのは当然のことであった。近世的異端審問所が最も活発に活動した十六世紀前半、亡命コンベルソの『救貧論』が実現したことに、歴史のアイロニーを感じざるをえない。

施療院で養育される孤児

孤児に関しては、一五四六年当時、同施療院は百九十六名の孤児を養育していた。孤児の大部分は、扶養能力のないガリシア人――未婚女性を含む――が、施療院や教会の門前に遺棄した子供たちである。一五二四年の施療院規約によれば、これらの孤児たちは六歳になるまで、一二名の常雇用の乳母によって養育されるはずであったが、孤児の数があまりに多く、また財源も確保できず、とうてい実施不可能であった。そこで施療院の医療サービスを受けた貧しい「属域」農民に、僅かばかりの俸給を支払い、半ば強制的に養育させた。そのため孤児への虐待が頻発し、孤児の死亡率も著しく高かった。男女差があるものの、六～十四歳の孤児は里子に出されたり、職業教育や宗教教育を施された。こうした孤児の養育も、スペイン国王の霊的救済、社会的規律化、労働力の確保と密接に関わっていた。

十六世紀の聖地サンティアゴでは、サンティアゴ王立施療院と教会や修道院、都市当局などの運営する中世以来の小規模な施療院が併存していた。そこで王権は、サンティアゴ教会の運営する旧施療院を含めた、四つの施療院をサンティアゴ王立施療院に統合し、「公共善」の増進、施療院財産の安定による慈善活動の効率化を進めようとした。しかし施療院の統廃合は、サンティアゴ教会や都市当局との裁判権を巡る対立から進展せず、一五七一年になって旧施療院の学寮への転換を実現したのみであった。

サンティアゴ大司教も、サンティアゴ王立施療院を排除し、自らのイニシアティヴによって施療院を統廃合しようと企図しており、聖地サンティアゴでは、王権による統廃合計画は十分な成果を上げることができなかったのである。

恵まれた設備とサービス内容

一五四六年当時、サンティアゴ王立施療院は、男性用大部屋三、女性用大部屋二、小部屋二、個室三、健康な男女巡礼者のための宿泊部屋二、マットレスだけの空き部屋二、それに礼拝堂、食堂、孤児院を備えていた。男性用大部屋の内訳は、ベッドのある大病室二、外科病室一で、ベッドのある大病室二と外科病室一には、それぞれベッド六十五台と二十四台が置かれ、六十七人の病人と二十四人の怪我人が収容されていた。

　女性用大病室二と小病室一には、四十台のベッドと八台のベッドが常備され、それぞれ四十一人の女性患者と八人の男性患者が受容されていた。また三つの個室は、「特権的病人」のためのもので、三人の病気の司祭と薬剤師が収容されていた。健康な巡礼者用の宿泊部屋は、男性用と女性用各一から構成され、それぞれ二十六台と十八台のベッドが備えられていた。

　巡礼者の宿泊日数は三日以内に限定されていた上、一つのベッドを複数で共用したり、マットレスの利用も可能であったことから、百人以上の巡礼者を宿泊させることができたものと思われる。孤児院では前述のように、百九十六人の孤児が直接・間接的に養育されていた。

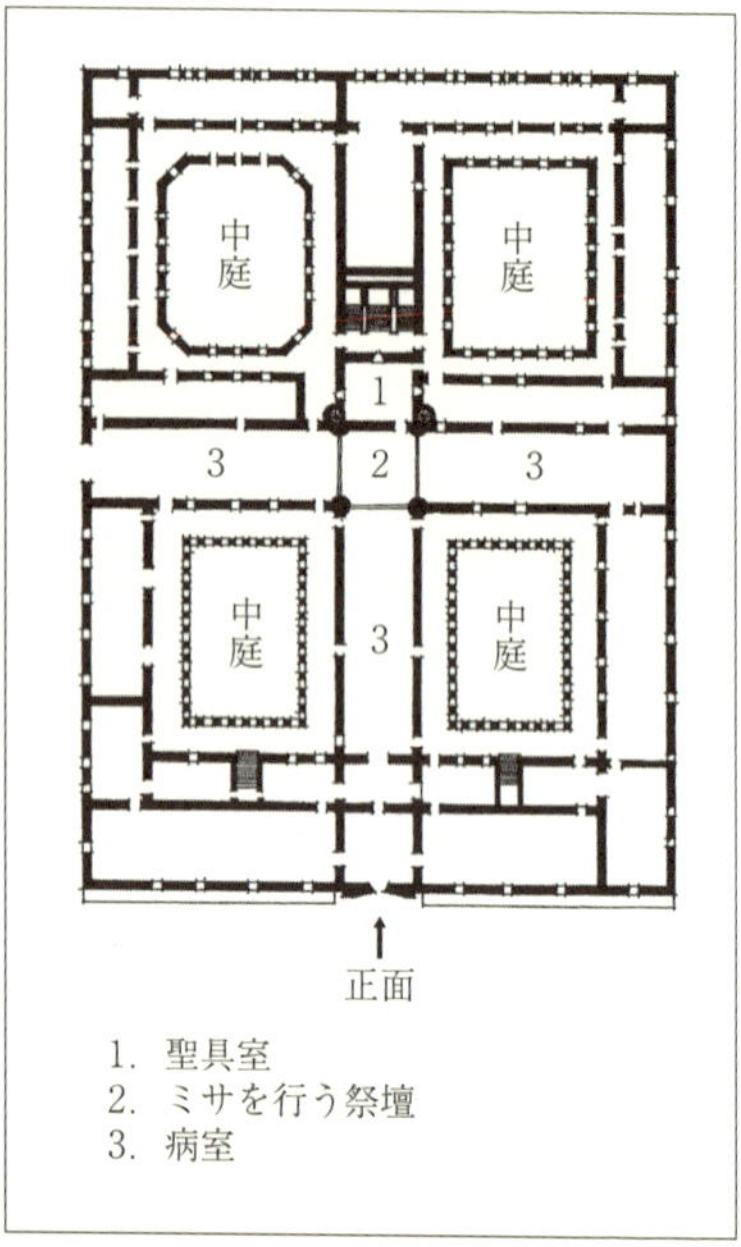

サンティアゴ王立施療院の平面図

　従って当時のサンティアゴ王立施療院は、研究者による誤差や財政状況に伴う変動はあるものの、患者ベッド台数百四十（男性用百、女性用四十）に対し、男女の患者百五十三人（男性百十二人、女性四十一人）を収容していた計算になる。ベッド台数と患者数に齟齬が生じているのは、健康な巡礼者の場合と同様の理由によるものであろう。近世の施療院では一つのベッドを二人で共用するのが、一般的であったことを考えると、サンティアゴ王立施療院の患者は、恵まれた条件下にあったとみてよい。しかも多くのベッドには、看護士や看護婦を呼びよせるための鈴と、患者の「個人化」を意味する仕切りカーテンも付されていたのである。

百五十人の患者、直接・間接的に養育する百九十六人の孤児に加え、同施療院は百人以上の健康な巡礼者を宿泊させることができたのであり、大規模化と効率化を目指した近世的施療院（総合施療院）の典型であった。

サービス内容としては、宿泊サービスの他に食事・暖房・照明・医療・宗教サービスなどが提供された。前述のように健康な巡礼者は、三日以内の無料の宿泊・食事サービスを給付されたし、感染症患者と重病患者を除く病人も、十七世紀には平均二十日の宿泊・食事・医療サービスを保障されたのであった。

食事は一般の施療院より恵まれており、動物性蛋白質を重視した高蛋白・高カロリーの食事を基本とした。一五九〇年の同施療院規約によれば、病人への食事は風味の利いたパン、若鳥の肉、卵と定められていた。冬場、病人に温かい食事を提供するため、看護士や看護婦により病室に火鉢が置かれたし、病室の照明と換気、衛生状態に最大限の配慮が払われた。

病人の足を洗うための容器、夜間照明用の蠟燭が備えられていたばかりか、病人の衣服も夏場は八日ごと、冬場は十五日ごとに交換され、ベッドの敷き藁は年に二回、新しくされたのである。病室の防臭対策にも意が用いられ、芳香剤が散布された。

医療サービスの中心となったのは、二名の内科医と一名の外科医である。内科医は一日三回、外科医は一日二回の回診を義務づけられ、必要とあれば内科医は施療院に泊まり込み、夜間回診も行わなければならなかった。医者は病人と共に食事をとり、回診に同行する薬剤師、看護士などに食事療法や処方箋を指示した。回診に際しては患者への問診、触診、小水検査が行われ、外国人患者への問診にあたっては、帯同した外国人司祭が通訳の役割を果たした。

十六世紀後半以降、地域民衆への病気治療が重視され始まる中で、「貧民」に対しても、富者と同様の医療サービスが提供されたことの意味は大きい。様々な限界を含みながらも、それは「医療の社会化」へ向けての第一歩であり、サンティアゴ王立施療院が、カスティーリャの総合施療院のモデルとされる最大の根拠でもあった。同施療院は十六世紀に創設されたトレード、グラナダ、セビーリャの総合施療院の原型に他ならなかったのである。

三　慈善と権力

「医療の社会化」

中世スペイン最大の「慈善空間」であったサンティアゴ巡礼路都市でも、前述のように、中世末期～十六世紀にかけて、近世的な救貧観や救貧制度が浸透し始めた。「属域」からの多数の貧民の流入、「公共善」観念や社会的規律化を背景として、王権や教会・修道院、都市当局、兄弟団などが慈善活動に介入し、そこに資源の一部を移転しつつ、救貧の世俗化と組織化を推し進めた。それは慈善活動が、王権や都市に拠点をもつ世俗権力、俗人の社会的結合（兄弟団）などの人的・物的支援なしには、もはや展開できない段階に達したことを意味するものであった。

そこでは、「恥ずべき貧民」の排除による「貧民」の差別化、「貧民」観の転換が生じつつあったし、様々な制約を受けながらも、慈善活動の効率化と大規模化、労働力確保を目的に、施療院の統廃合と専門分化が進行していった。感染症患者の特定施療院への「閉じ込め」や大型の総合施療院の開設、孤児への職業教育はそれを示すものであろう。

しかもサンティアゴ王立施療院のような総合施療院では、十六世紀後半以降、地域民衆の病気治療に重心が移動し始め、「同じ肉」を共有する地域の「真の貧民」に対して、富者と同様の医療サービスが提供されるようになったのである。このことの意味するところは大きい。不十分とはいえ「医療の社会化」が開始されたのであり、類似の傾向は、同時期のフランスやイタリアの総合施療院でも確認されるのである。

サンティアゴ巡礼者への慈善(2)

その一方で、伝統的な救貧観や救貧制度も持続した。病気と貧困を原罪に帰し、従って聖人を介した神への祈りにより、それらから解放されるとする救貧観、あるいは富と権力は慈善活動により正当化されるとの観念は、強固に維持された。兄弟団成員は慈善活動により、神の恩寵が我が身（家族）に与えられることを強く期待したし、施療院で司祭が執り行う病人のための祈りは、医者による医療行為以上に効果的であると考えられた。

近世的な総合施療院にあっても、同様のことが指摘できる。サンティアゴ王立礼拝堂を中心に十字形の平面プランをもつ、サンティアゴ王立施療院では、病床は全て礼拝堂の方向に向けられ、司祭数が医者のそれを上回っていたばかりではない。施療院職員の大多数は施療院で共同生活を営み、神とスペイン国王のための祈りを義務づけられたのであり、王権への神の恩寵の期待、修道院との親近性が顕著であった。効率化、大規模化が進んだとはいえ、「貧民」を慈善主体の救霊手段とする観念は、保持され続けたのである。しかも裁判権を巡る対立から、サンティアゴ教会や都市当局の運営する従来の小規模な施療院も併存し、施療院の統廃合は不徹底なものに終止せざるをえなかった。

フェリーペ2世

慈善から社会福祉へ

十六〜一七世紀のスペイン王権は、グラナダ攻略によるレコンキスタ運動の終焉、アメリカ「発見」とそこからの銀の大量流入、スペインの政治・軍事的優位を背景に、神と一体化した王権、神の恩寵によるスペイン帝国を強く意識していた。「メシア帝国主義」がこれである。フェリーペ二世は神の恩寵を期待して、エル・エスコリアル修道院を帝国統治の中枢としたし、フェリーペ三世（在位一五九八—一六二一年）も神の恩寵を得て、スペイン帝国を再生すべく、一六〇九年に同化困難とされたモリスコの大多数を追放した。「偽装改宗者」とされたモリスコの包摂は、スペイン帝国への神の恩寵を喪失させ、スペイン帝国の没落を決定的なものとするとみなされたためであった。スペイン帝国が言語や法制度、エスニシティを異にする多様な地域と社団から構成される、巨大なモザイク国家であったことから、スペイン王権は政治・社会的統合の紐帯を、宗教に求めざるをえなかったのである。

こうした歴史的文脈の中に富と権力、病気と貧困も位置づけられるのであり、王権と都市寡頭支配層による支配は、慈善活動と無縁ではありえなかった。彼らの支配は、宗教的含意をもつ慈善活動に裏打ちされてこそ正当化され、民衆に受容されたのであって、慈善活動は「絶対王政」や都市寡頭支配との関連の中でも、捉えられなければならない。

貴族や有力市民、教会・修道院、兄弟団などによる慈善活動は、近現代スペイン社会にも継受されるが、一九世紀末~二〇世紀初頭、慈善活動の主体は選挙により選出された政府（国家）へと大きく移動する。一九世紀前半に実施された教会・修道院財産の解放により、伝統的慈善活動の担い手たる教会・修道院が、慈善活動の余力を失ったことがその一因であった。一九世紀末~二〇世紀初頭にかけての工業化の進展や労働運動の組織化、そして政府（国家）による公的救済を主要テーマに、西ヨーロッパ諸国で開催された万国救済会議も、それに影響を与えた。

以上のような状況を踏まえてスペインでも、二十世紀に入り、政府による社会政策として公的救済が開始される。慈善から社会福祉への転換が生じたのである。スペインでは一九二〇年までに社会保険庁が設立され、年金制度が制定されたのみならず、第二共和政期（一九三一―三六年）には、労災保険が原則義務制となり、政府の福祉への介入が一層強化された。

フランコ政権（一九三六―七五年）下では、労働運動を抑制する手段として福祉がある程度重視され、社会保障制度が整備されたとはいえ、福祉の実態は貧弱なものにとどまった。現在の社会保障、社会福祉制度の基盤が確立するのは、民主化後の一九八六年、社会労働党政権下においてであった。

天地創造時の「始源の時空間」を追体験するための宗教儀礼。巡礼の本質は、まさにこの点にある。飢えや病気、苦痛のない「始源の時空間」は、神の支配する「神話的時間」にして、人類共通のユートピアに他ならない。そこへ回帰することによって、人々は心身を癒される一方、権力は浄化され、神に由来するものとして正当化される。近代的価値観——政治と宗教の分離、伝統的病因観からの解放など——が浸透したはずの現代社会にあっても、巡礼が様々な宗教に受容され、権力によって認知される所以である。神話の時代にまで遡る、聖地巡礼と人類との「遺伝子的絆」を痛感せざるをえない。

巡礼に批判的なプロテスタントにとってすら、イエスゆかりの聖地イェルサレムは独特の宗教的重みをもつ。人類の遺伝子の中に組み込まれた「始源の時空間」への憧憬が、その背景にあるのかもしれない。

結びに代えて――サンティアゴ巡礼と四国巡礼

サンティアゴ巡礼と四国巡礼の親近性

霊的救済と現世利益を求める巡礼者の心性、巡礼者の社会的結合としての巡礼講、巡礼者への慈善活動（お接待）、移動手段である徒歩の重要性は、サンティアゴ巡礼と四国巡礼の親近性の指標として指摘されてよい。他界観についても、サンティアゴ巡礼との共通点が顕著である。

周知のように四国巡礼は、大多数が四国の沿岸部に建立された八十八か所霊場を、右回りに巡拝する。海上他界観（海上楽土）によれば、海の彼方は来世であり、沿岸部、即ち「辺路（遍路）」は、現世と来世、生と死の境域、別言すれば「地の果て」を意味する。サンティアゴ巡礼も、既知の世界であるヨーロッパ大陸の西端、従って現世と来世の境域に立地するサンティアゴ教会を目指す宗教運動に他ならない。「地の果ての聖地」を巡る、あるいはそれを目指す民衆の宗教運動という点において、両者は強い親近性を示す。

巡礼行が巡礼者の生地（共同体）と聖地を結ぶ、聖俗両要素を内包した儀礼運動、儀礼を介した既成社

「地の果て（フィニス・テラーエ）」

会（日常的生活圏）からの一時的離脱行為であることを考えれば、宗教圏の相違に関わりなく、こうした共通の要素が検出されるのは当然であろう。問われるべきは、「多神教」とされる仏教と一神教たるキリスト教の二項対立ではなく、両者の相互浸透であり、あらゆる宗教が内包する巡礼などの民衆信仰の布置である。

　同様の親近性は、聖地の重層構造についても指摘できる。四国巡礼は多様な霊場、宗派と本尊を奉じており、男根・女陰信仰などの山岳信仰や自然崇拝に加え、松山市内の霊場には「隠れキリシタン」の墓所すら現存する。

　聖地サンティアゴも、異教や異端の聖地との連続性をもち、その上にキリスト教を重層化させ、キリスト教的再解釈を施すことによって成立した。異教や異端の聖地との連続性、換言すれば民衆信仰の包摂は、聖地としての重要な構成要件の一つであり、だからこそカトリック教会は、それを宗教儀礼として取り込み、統制しようとした。巡礼が「儀礼化された移動」と称される所以である。

　四国巡礼にみられる男根と女陰信仰は、サンティアゴ巡礼者の巡礼杖と帆立貝に対応しており、文化人類学や象徴人類学のいう再生と豊穣、両性を具有する始源の人類アンドロギュノスのシンボルであった。先史時代にまで遡るこうした民衆信仰が、四国巡礼とサンティアゴ巡礼の双方で検出されることは、聖地とは何か、巡礼とは何かを考える上で示唆的である。

サンティアゴ巡礼と四国巡礼の差異

サンティアゴ巡礼と四国巡礼には、当然のことながら相違点も多々検出される。日本中世史の川岡氏によれば、中世まで修行者が中心であった四国巡礼では、寺社の関与が希薄で、札所の宗派や本尊が多様であるばかりか、参拝順序や経路も固定されていなかった。巡礼そのものを第一義とし、多くの霊場を経巡ること自体を重視する、中世以来の頭陀行の伝統が根強く生き続けていたのである。サンティアゴ巡礼も、中世初期にはこうした性格を有していたが、十字軍時代にあたる十二～十三世紀以降、多数の巡礼者が現出するとともに、儀礼化とシンボル化を強めていく。世俗化の進行する中世末期には、「観光」としての側面も顕在化する。他方、四国巡礼が「観光」としての一面を強めるのは、真念が四国巡礼のガイドブックを著した十七世紀後半以降にすぎない。

サンティアゴ巡礼者

四国霊場には突出した聖地が不在であることから、四国巡礼は八十八か所霊場を右回りに経巡る円環運動の形をとる。聖ヤコブの遺骸を祀った、サンティアゴ教会という圧倒的な聖地を有し、直線運動を基本形とするサンティアゴ巡礼とは対照的である。円環運動において往路と還路が区別されることはないが、直線運動では往路と

メセタ（中央台地）のサンティアゴ巡礼路

還路の宗教的意味は異なる。直線運動では還路は、「聖なる中心点」からの弛緩した退行運動であり、新たな世俗的心身を獲得するための過渡期に他ならない。従って還路においては「観光」としての側面が、より強く表出せざるをえないのである。

　しかも四国霊場にあっては、サンティアゴ巡礼にみられるような、聖人の遺骸に代表される聖遺物が安置されていない。とすれば四国巡礼者の物的霊的救済は、何によって担保されるのか。「苦難の長旅」である八十八霊場巡りを完遂し、人格変容を遂げることによってであろうか。

　サンティアゴ巡礼において、巡礼者の救済を保障するのは、「苦難の長旅」による回心と聖人（聖遺物）の執り成しによる神の恩寵である。サンティアゴ巡礼との決定的差異は、聖人の遺骸という「聖化されたモノ」が介在することなしに、物的霊的救済が担保される点にある。ビクトール・ターナーによれば、民衆信仰の最大の基盤は、奇跡による病気治癒などの「信仰の外化」であり、それを演出する主要装置が、聖遺物とりわけ聖人の遺骸であった。

　多くの民衆が参加した四国巡礼において、「信仰の外化」を演出する主要装置となったものは何か。この問題は聖地観の相違に帰着する。カトリック教会では、聖人の遺骸などの聖遺物と無縁な聖地はまず考えられない。厳格な一神教とされるイスラームやユダヤ教の聖地も、メディナやヘブロンにみられるように、遺骸との関連は濃密である。聖人の遺骸の宗教的位相の相違は、比較巡礼研究の課題の一つであろう。

　巡礼行と密接な関係をもつ慈善活動についても、相違がみられる。サンティアゴ巡礼では、都市当局、教会・修道院、兄弟団に加え、王権が施療院を運営し、「神の貧民」としての巡礼者への慈善活動を展開

イェルサレムの「黄金の門」

した。四国の在地権力は、巡礼者への慈善活動に関与したのだろうか。関与していないとすれば、それはなぜなのか。

　一般にカトリック世界では、慈善活動は「富の社会的還元」を意味し、王権や在地領主、都市寡頭支配層などの多様な権力は、それに支えられて初めて正当化され、維持された。こうしたカトリック的心性が、四国巡礼にどの程度妥当するかは、今後の検証をまたねばならないが、宗教圏の如何を問わず、無私の慈善活動は考えにくい。慈善活動が慈善主体の救済に寄与するとの前提があればこそ、慈善活動は長期にわたって維持され、それに支えられて巡礼も拡大した。

　ハンセン病患者への対応も、興味深いテーマである。サンティアゴ巡礼路都市では、ハンセン病患者のための特殊な施療院が都市郊外に設けられ、そこで宿泊・食事サービスが提供された。四国巡礼者の中にもハンセン病患者がいたとすれば、彼らへの慈善はどこで、どのように実施されたのか。あるいはそ

もそも前近代の四国巡礼にあっては、ハンセン病患者は差別されず、他の巡礼者と同様に、通常の善根宿に投宿したのであろうか。中近世スペイン社会において、ハンセン病は宗教と密接な関係をもつ業病とされただけに、検証すべきテーマである。

巡礼者の階層構成についていえば、四国巡礼では武士の参加がほとんど確認されないといわれる。サンティアゴ巡礼では貴族、騎士の参加は恒常的な現象であり、国王すら戦勝祈願のため、サンティアゴ教会に参拝している。白馬に跨って天から舞い降り、ムスリムを殲滅する聖ヤコブと弘法大師の奇跡譚の差が、影響しているのであろうか。これらの相違を検討するためにも、歴史学、文学、宗教学、文化人類学などを含めた多様な研究領域を糾合し、また複数の宗教圏に視野を広げて、様々な角度から巡礼現象を比較検討する必要がある。

宗教間対話と自己の再発見

四国巡礼とサンティアゴ巡礼の間に、少なからざる親近性があるとすれば、それは歴史的関連性の薄い仏教とカトリックの間に、何らかの宗教間対話が成立しうることを意味する。カトリックが地中海世界に誕生した三つの一神教の一つで、イスラームやユダヤ教と『旧約聖書』を共有していることを考えれば、同様の対話は仏教とユダヤ教やイスラームの間でも可能であろう。

宗教間の対話を阻んできた主要因の一つは、聖職者や神学者といったエリートの言説（教義や神学）が過度に重視される一方で、それぞれの宗教が内包する民衆信仰としての側面が、軽視されてきたことにある。巡礼はそうした民衆信仰を代表するものであり、これに焦点を合わせたとき、多神教と一神教の伝統的区別、仏教とカトリック、イスラーム、ユダヤ教の教義上の相違は大きく減退する。

アナール派の歴史家ブローデルに倣えば、教義や神学上の相違（中期波動）を強調するのではなく、巡礼のような民衆信仰（長期波動）に目を向けることが、宗教的寛容の大前提であり、現代社会を席巻する不毛な宗教紛争（短期波動）の解決、宗教的原理主義を相対化する第一歩となろう。比較巡礼史の視点からみれば、地中海世界の長期波動を重視したブローデルは刺激的であるし、再評価されてよい。三つの一神教が交錯し相互浸透する、複雑で重層的な地中海世界の信仰の在り方の中にこそ、宗教的寛容を育む内面的古層が伏在する。

サンティアゴ巡礼路の黎明

それればかりではない。巡礼者は「苦難の長旅」としての巡礼行を通じて、自己を見つめ直し、新たな自己を再発見することもできる。生地と聖地を結ぶ「苦難の長旅」での回心（内面的変化）は、巡礼者の物的霊的救済の大前提であった。戦後の高度経済成長過程の中で、わたしたちは成長と発展、生産と労働、最大利潤を基調とするヨーロッパ近代の価値観に埋没し、それ以外の価値観を軽視ないし放擲してきた。自己疎外や環境問題は、その当然の帰結であろう。巡礼行による自己の心身の回復、自己の再発見は、ヨーロッパ近代の伝統的価値観を超克し、グローバル社会に適合的な新たな価値観を模索する上で、重要な契機となるに違いない。

追記

本書は、二〇〇六年に講談社現代新書から出版された『スペイン巡礼史「地の果ての聖地」を辿る』を加筆修正したものである。同書出版から十五年ほどが経過し、サンティアゴ巡礼やそれと密接な関係をもつ、ユダヤ、イスラーム、ラテン・アメリカ世界の巡礼研究が相次いで公刊された。従来の研究に新たな知見や視点を加味し、全体像を再吟味する必要に迫られた所以である。時代の要請もあり、旧版ではスペイン史概説に一定の紙数を割かざるをえなかったが、巡礼研究の中では違和感を払拭できず、それをイェルサレム巡礼の論考に差し替えた。思い入れのある『スペイン巡礼史「地の果ての聖地」を辿る』が、絶版となったことも、本書執筆を後押しした一因である。

サンティアゴ巡礼や巡礼路諸都市に関する写真の一部は、問屋正勝氏からご提供いただいた。これらの写真については、本書末尾の写真出典一覧に明記した。氏のご厚意に謝意を表したい。問屋氏はサンティアゴ巡礼路を何度も歩いておられ、巡礼路と巡礼路諸都市を熟知しておられる。二〇一九年四〜五月には、雪のちらつくソンポール峠を越え、八百キロメートル西方の聖地サンティアゴまで、徒歩による巡礼行を完遂された。

「三つの一神教の系譜」

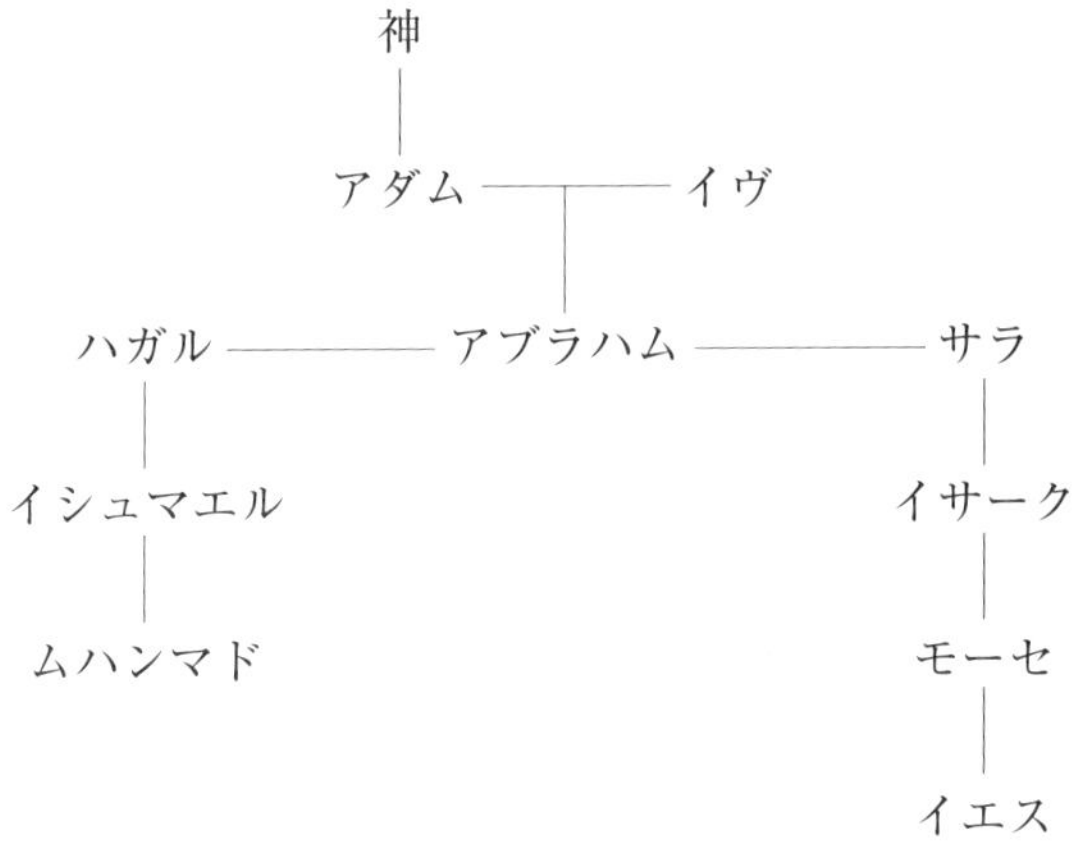

「サンティアゴ巡礼路の主要ハーブと薬効一覧」

スイバ（潰瘍や傷、目や耳の痛み、目の洗浄、発疹）
新鮮な葉を数枚とり、よく洗ってエキスを取り出す。綿や包帯に含ませ患部に垂らす（腫瘍や傷の場合）。

キンミズキ（足の疲れ、傷止め）
多くの葉を摘み取って、五分間一〜二リットルの水で煮る。適度な温度になったら、それを足桶に移し、寝る前に十五〜二十分間足を浸す。キンミズキ水を飲んでもよい。

ニンニク（腫瘍、リュウマチ、虫下し、利尿剤、血管拡張剤）
新鮮なニンニク片十二枚をすりつぶし、それに同量のラードを加えてかき混ぜ、蓋をした小瓶に保存。一日二回、患部に塗る（腫瘍の場合）。

カタバミ（口内炎、口の渇き、止血、疲労回復、歯槽膿漏）
葉をとってよく水洗いし、一日数回咬む（口内炎や口の渇きの場合）

シロツメクサ（リウマチ、咳止め）
新鮮な葉で一日数回、十〜二十分間患部をこする（リウマチの場合）

クレソン（リウマチ、炎症、利尿剤、浄血剤）
新鮮な葉と茎をすりつぶし、患部に塗る（リウマチの場合）

玉ネギ（打撲、炎症、血腫、虫下し）
中ぐらいの大きさの赤タマネギを火であぶり、皮をむいて幾つかに切る。それを一晩中、患部にあてる

（血腫の場合）。

イヌホウズキ（蜂や蚊などの虫さされ、浄血剤、利尿剤）

実を取って患部にあてる（虫さされの場合）

ムシトリスミレ（傷、咳止め）

葉を取って皮をむき、患部にあて一日二回、葉を取り替える（傷の場合）

ウイキョウ（咳止め、整腸剤、利尿剤）

新鮮な花弁数枚を蓋のある容器に取り、百〜百二十五グラムのお湯を加え、十分間放置する。それを食後に摂取する（胃の調子が悪い場合）。

トウダイグサ（傷止め、疣や魚の目、下剤）

新鮮な葉から乳液を取り出し、それを一日三〜四回、患部にあてる（疣や魚の目の場合）

オオバコ（切り傷、火傷、潰瘍、耳の痛み、扁桃腺）

新鮮な葉を取って、よく水洗いし、すりつぶす。それを患部に塗り、一日数回取り替える（切り傷や火傷の場合）

マーガレット（切り傷、潰瘍）

水洗いした新鮮な葉をすりつぶし、スプーン一杯の蜂蜜を加えてかき混ぜ、患部にぬる（切り傷の場合）。

西洋山ハッカ（虫刺され、発汗剤、健胃剤）

新鮮な葉と茎をすりつぶしてエキスを取り出し、患部にあてる（虫さされの場合）

ノコギリ草（胃の病気、リウマチ、強壮剤）

花弁三枚を百五十グラムの水に浸し、朝食と夕食後に摂取する（胃の調子が悪い場合）

サルビア（虫さされ、利尿剤、強壮剤）

新鮮な葉を患部にあて、一日数回取り替える（虫さされの場合）

キイチゴ（疲労回復、止血、利尿剤）

熟した実を赤ワインと混ぜて摂取する（疲労回復の場合）

ローズマリー（疲労回復、炎症）

新鮮な葉を煎じて疲れた足に塗る（足の疲労回復の場合）

赤バラ（目の炎症、疲れ目、喉の痛み）

新鮮な花弁数枚を三十分間三百～四百グラムの水に漬け、それで目を洗う（疲れ目や目の痛み）

バーベナ（痛み止め、発疹）

葉を酢と混ぜてすりつぶし、患部にあてる（発疹の場合）

主要参考文献

赤堀雅幸他『イスラームの神秘主義と聖者信仰』東京大学出版会、二〇〇五年。

浅野ひとみ「サンティアゴ『巡礼案内』研究（下。その一）」『純心人文研究』第十一号、二〇〇五年。

浅野みとみ『スペイン・ロマネスク彫刻研究』九州大学出版会、二〇〇三年。

網野徹哉『インディオ社会史』みすず書房、二〇一七年。

ヤコブス・デ・ウォラギネ（前田敬作他訳）『黄金伝説二』人文書院、一九八四年。

愛媛大学国際シンポジウム実行委員会『四国遍路と世界の巡礼』法蔵館、二〇〇七年。

愛媛大学国際シンポジウム実行委員会『四国遍路と世界の巡礼。平成十六年度愛媛大学国際シンポジウムプロシーディングス』二〇〇五年。

ミルチャ・エリアーデ（風間敏夫訳）『聖と俗』法政大学出版局、一九九三年。

大稔哲也「中世エジプト社会の参詣・聖墓・聖遺物」『巡礼と民衆信仰』青木書店、一九九九年。

大稔哲也『エジプト死者の街と聖墓参詣』山川出版社、二〇一八年。

ノルベルト・オーラー（藤代幸一訳）『中世の旅』法政大学出版局、一九八九年。

河原温「中世ローマ巡礼」『巡礼と民衆信仰』青木書店、一九九九年。

私市正年『イスラム聖者』講談社現代新書、一九九六年。

クラヴィホ（山田信夫訳）『チムール帝国紀行』桃源社、一九七九年。

エリー・ケドゥリー編（関哲行他訳）『スペインのユダヤ人』平凡社、一九九五年。

後藤　明『メッカ』中公新書、一九九一年。
桜井徳太郎編『仏教民俗学体系三：聖地と他界観』名著出版、一九八七年。
桜井康人「後期十字軍再考（一）～（九）」『ヨーロッパ文化研究』第七～一八号、二〇〇六～一七年。
イブン・ジュバイル（藤本勝次他監訳）『旅行記』関西大学出版部、一九九二年。
眞　念（稲田道彦訳注）『四國徧禮道指南』講談社学術文庫、二〇一五年。
杉谷綾子『神の御業の物語』現代書館、二〇〇二年。
鈴木七美『癒しの歴史人類学』世界思想社、二〇〇二年。
関　哲行『スペイン巡礼史「地の果ての聖地」を辿る』講談社現代新書、二〇〇六年。
関　哲行『スペインのユダヤ人』山川出版社、二〇〇三年。
関　哲行「序」『巡礼と民衆信仰』青木書店、一九九九年。
関　哲行「中世のサンティアゴ巡礼と民衆信仰」『巡礼と民衆信仰』青木書店、一九九九年。
関　哲行「巡礼と観光」『中世ヨーロッパを生きる』東京大学出版会、二〇〇四年。
関　哲行「中近世ヨーロッパの救貧――サンティアゴ巡礼路都市を例として」『中世環地中海圏都市の救貧』慶応義塾大学出版会、二〇〇四年。
関　哲行「十四～十六世紀の巡礼路都市アストルガの兄弟団」『中・近世西欧における社会統合の諸相』九州大学出版会、二〇〇〇年。
関　哲行「十一～十三世紀のサンティアゴ巡礼路都市サアグーン」『西欧中世における都市・農村関係の研究』九州大学出版会、一九八八年。
関　哲行「十二世紀前半のサンティアゴ・デ・コンポステーラにおけるコミューン運動（中）」『流通経済大学社会学部論叢』第一巻第二号、一九九一年。
関　哲行「十四～十五世紀の国際商業都市ブルゴス」『西洋史研究』第二二号、一九九三年。
関　哲行他編『世界歴史の旅スペイン』山川出版社、二〇〇二年。

関　哲行・踊　共二著『忘れられたマイノリティ』山川出版社、二〇一六年。

関　哲行「近世初期スペイン人のパレスティナ巡礼——ディエゴ・デ・メリダとタリファ公を例に——」『流通経済大学社会学部論叢』第二九巻第二号、二〇一九年。

関　哲行、立石博高、中塚次郎編『世界歴史体系スペイン史一、二』山川出版社、二〇〇八年。

セルバンテス（牛島信明訳）『模範小説集』国書刊行会、一九九三年。

立石博高編『スペイン・ポルトガル史』山川出版社、二〇〇〇年。

アルフォンス・デュプロン（田辺保監訳）『サンティヤゴ巡礼の世界』原書房、一九九二年。

長谷部史彦「序——比較救貧史に向かって」『中世環地中海圏都市の救貧』慶応義塾大学出版会、二〇〇四年。

ピエール・バレ他（五十嵐ミドリ訳）『巡礼の道、星の道』平凡社、一九八六年。

福地恭子「聖ヤコブと柱の聖母の相補的関係に関する一考察」『神戸外大論叢』第一号、二〇一七年。

バルトロメ・ベナサール（宮前安子訳）『スペイン人』彩流社、二〇〇三年。

堀越孝一他監訳『図説世界の歴史三』学習研究社、一九八〇年。

マリア・ロサ・メノカル（足立孝訳）『寛容の文化』名古屋大学出版会、二〇〇五年。

守川知子『シーア派聖地参詣の研究』京都大学学術出版会、二〇〇七年。

山折哲雄「巡礼の構造」『伝統と現代』第五六号、一九七九年。

若松　隆「スペインの社会福祉」『世界の社会福祉』第十一巻、旬報社、二〇〇〇年。

渡辺昌美『中世の奇跡と幻想』岩波書店、一九八九年。

渡辺昌美「巡礼総論——奇跡、聖者、聖遺物、そして巡礼」『巡礼と民衆信仰』青木書店、一九九九年。

Alejandro Campagne, F., Cultura popular y saber médico en la España de los Asturias, *Medicina y Sociedad*, Buenos Aires, 1996.
Arribas Briones, P., *Picaros y picarescas en el camino de Santiago*, Burgos, 1999.
Atienza, J.G., *Los peregrinos del camino de Santiago. Historia, leyenda y símbolo*, Madrid, 1993.

Barreiro Somoza, J., *El señorío de la iglesia de Santiago de Compostela*, La Coruña, 1987.
Bonachía Hernando, J.A., *El concejo de Burgos en la baja edad media*, Valladolid, 1978.
Bonilla, L., *Historia de las peregrinaciones*, Madrid, 1965.
Bravo Lozano, B., *Guía del peregrino medieval*, Sahagún, 1989.
Bravo, P.E., *Cancionero de los peregrinos de Santiago*, Madrid, 1967.
Brodman, J.W., *Charity and Welfare. Hospitals and the Poor in Medieval Catalonia*, Philadelphia, 1998.
Camusso, L., *Guida ai viaggi nell'Europa del 1492*, Milano, 1990.
Cardini, F., *Europa 1492*, New York, 1989.
Caucci von Saucken, P., *Roma, Santiago, Jerusalén*, Barcelona, 1999.
Caucci von Saucken P. (ed.), *Saint Jacques de Compostelle. Mille ans de pèlerinage en Europe*, Paris, 1993.
Caucci von Saucken, P., *El sermón Veneranda Dies del Liber Sancti Jacobi*, Santiago de Compostela, 2003.
Cavero Domínguez, G., *Las cofradías en Astorga durante la edad media*, León, 1992.
Cohen, E., Pilgrimage and Tourism, *The Anthropology of Pilgrimage*, New York, 1992.
Comissão Nacional para as Comemorações dos Descobrimentos Portugueses (ed), *Diáspora e Expansão*, Lisboa, 1997.
Damonte, M. (ed.), Da Firenze a Santiago di Compostella:Itinerario di un anonimo pellegrino nell' anno 1477, *Studi medievali*, vol.XIII, 1972.
David, A., *To Come to the Land*, Alabama, 1999
Eliade, M., *Images and Symbols*, London, 1961.
Escalona, R., *Historia del real monasterio de Sahagún*, León, 1982.
Estepa Díez, C. (ed.), *El camino de Santiago: Estudios sobre peregrinaciones y sociedad*, Madrid, 2000.
Fernández Arenos, J., *Elementos simbólicos de la peregrinación jacobea*, León, 1998.
Fernández Conde, F., *La religiosidad medieval en España*, t.1, Oviedo, 2000.

Franco, H., *As utopias medievais*, Sãn Paolo, 1992.
García Guerra, D., *El hospital real de Santiago*, La Coruña, 1983.
García Mercadal, J., *Viajes de extaranjeros por España y Portugal*, Salamanca, 1999.
Godinho Vieira, M.Â., *Confrarias medievais portuguesas*, Lisboa, 1990.
González Bueno, A., *El entorno sanitario del camino de Santiago*, Madrid, 1994.
González-Varas Ibáñez,A., *La protección jurídical-canónica y secular de los peregrinos de la edad media*, Santiago de Compostela, 2003.
González Vásquez, M., *Las mujeres de la edad media y el camino de Santiago*, Santiago de Compostela, 2000.
Herbers, K. (ed.), *El Pseudo-Turpin. Lazo entre el culto jacobeo y el culto de Carlomagno*, Santiago de Compostela, 2003.
Huidobro y Serna, L., *Las peregrinaciones jacobeas*, Burgos, 1999.
Jiménez de la Espada, M. (ed.), *Andanças e viajes de un hidalgo español*, Barcelona, 1989.
Jones, J.R., *Viajeros españoles a Tierra Santa*, Madrid,1998.
Lama de la Cruz, V. de, *Relatos de viajes por Egipto en la época de los Reyes Católicos*, Madrid, 2013.
Le Beau, B.F., *Pilgrims and Travelers to the Holy Land*, Omaha, 1994.
López Alonso, C., *La pobreza de la España medieval*, Madrid, 1986.
López Alsina, F., *La ciudad de Santiago de Compostela en la edad media*, Santiago de Compostela, 1988.
Magdalena Nom de Déu, J.R., *Libro de viajes de Benjamín de Tudela*, Barcelona, 1989.
Magdalena Nom de Déu, J.R., *Relatos de viajes y epistolas de peregrinos judíos a Jerusalén*, Barcelona, 1987.
Martínez García, L., *El hospital del rey de Burgos*, Burgos, 2002.
Meri, J.W., *The Cult of Saints among Muslims and Jews in Medieval Syria*, Oxford, 2002.
Moralejo, A. (trad.), *Liber Sancti Jacobi*, Santiago de Compostela, 2004.
Mugarza, J., *Guía de las plantas medicinales del camino de Santiago*, Rontegui, 1993.
Phillips, W.D., *Historia de la esclavitud en España*, Madrid, 1990.

Portela Silva, E. (ed.), *Historia de la ciudad de Santiago de Compostela*, Santiago de Compostela, 2003.

Pressouyre, L. etc, *Pèlerinages et croisades*, Paris,1995.

Rey Castelao, O., *Pobres, peregrinos y enfermos. La red asistencial gallega en el Antiguo Régimen*, Santiago de Compostela, 1999.

Rodríguez Fernández, J., *Las juderías del reino de León*, León, 1976.

Rodríguez Fernández, J. (ed.), *Los fueros de la provincia de León*, t.II, León, 1981.

Ruiz de la Peña, J.I., *Las peregrinaciones a San Salvador de Oviedo en la edad media*, Oviedo, 1990.

Sánchez, G. (ed.), *Libro de los fueros de Castiella*, Barcelona, 1981.

San Román, A., *Historia de la beneficiencia en Astorga*, Astorga, 1908.

Santiago Otero, H. (ed.), *El camino de Santiago, la hospitalidad monástico y las peregrinaciones*, Salamanca, 1992.

Shaver-Crandel, A., Gerson, P., *The Pilgrim's Guide to Santiago de Compostela*, London, 1995.

Togneri, R.P.D., *Conflictos sociales y estancamiento económico en la España medieval*, Barcelona, 1980.

Torrente Ballester, G. (ed.), *Heterodoxos en el camino de Santiago*, Pamplona, 1990.

Turner, V., *Image and Pilgrimage in Christian Culture*, New York, 1978.

Ubieto Arteta, A., *Los caminos de Santiago en Aragón*, Zaragoza, 1993.

Valvidielso Ausin, B., *Aventura y muerte en el camino de Santiago*, Burgos, 1999.

Vinayo González, A., *Caminos y peregrinos. Huellas de la peregrinacion jacobea*, León, 1991.

Vukonić, B., *Tourism and Religion*, Oxford, 1996.

Xunta de Galicia (ed.), *El viaje a Compostela de Cosme III de Médicis*, Santiago de Compostela, 2005.

スペイン史及びサンティアゴ巡礼関連年表

紀元前	
二万年	アルタミーラ洞窟壁画
三〇〇〇	この頃、イベル人（イベリア人）、イベリア半島に定住
一〇〇〇	この頃、ケルト人、イベリア半島に到来
二六四	第一回ポエニ戦争
二一九	ハンニバル、サグントゥム（現サグント）攻略
二一八	第二回ポエニ戦争
二〇五	ローマ、属州ヒスパニア設置
一世紀	イベリア半島のほぼ全域、ローマの属州となる
紀元後	
四四	聖ヤコブ殉教（伝承）
一～二世紀	ユダヤ戦争とディアスポラ。キリスト教とユダヤ教の半島伝来。
九八	スペイン出身のローマ皇帝トラヤヌス帝即位
一一七	スペイン出身のローマ皇帝ハドリアヌス帝即位
三八五	アビラ司教プリスキリアーヌス処刑
四七六	西ローマ帝国滅亡
五六八	西ゴート王国、首都をトレードに固定
五八九	西ゴート王レカレド、カトリックに改宗
六三六	セビーリャのイシドルス（イシドーロ）没
七一一	イスラーム軍の侵攻。西ゴート王国滅亡
七一八	アストゥーリアス王国成立。この頃、コバドンガの戦い。レコンキスタ運動開始

七五六	後ウマイヤ朝成立
七七八	カール大帝（シャルルマーニュ）のサラゴーサ遠征。ロンスヴォーの戦い
八〇一	カール大帝、バルセローナ攻略。スペイン辺境領成立
八一四	サンティアゴ・デ・コンポステーラで聖ヤコブの墓「発見」（伝承）。
	アストゥーリアス王アルフォンソ二世、サンティアゴ教会建立
八三四	クラビホの戦いでイスラーム軍を撃破（伝承）
九一〇	レオン王国成立
九二九	アブド・アッラフマーン三世、カリフ僭称
九九七	マンスールのサンティアゴ教会略奪
一〇三一	後ウマイヤ朝滅亡。第一次ターイファ時代
一〇三五	アラゴン王国成立
一〇三七	カスティーリャ・レオン王国成立
一〇八五	アルフォンソ六世、トレード攻略
一〇八六	ムラービト軍、サグラハスの戦いでアルフォンソ六世撃破
一〇九四	エル・シッドのバレンシア領有
一〇九五	イリア・フラビア（エル・パドロン）からサンティアゴへ司教座移転
一〇九六	第一回十字軍
一一〇八	アルフォンソ六世、ウクレスの戦いでムラービト軍に敗北
一一一〇	サアグーンのコミューン運動
一一一六	サンティアゴのコミューン運動
一一一八	アラゴン王アルフォンソ一世、サラゴーサ攻略
一一二〇	ヘルミーレス、初代サンティアゴ大司教となる。
	この頃、『サンティアゴ巡礼案内』を含む『聖ヤコブの書』編纂
一一三五	マイモニデス生まれる
一一三七	バルセローナ伯領とアラゴン王国が合同し、アラゴン連合王国成立
一一四三	アルフォンソ七世、ポルトガル王位承認
一一四六	ムラービト朝滅亡。第二次ターイファ時代
一一五七	カスティーリャ・レオン王国の分離
一一六五	この頃、トゥデラのベンヤミン、イェルサレム巡礼に出発

一一七〇	サンティアゴ騎士修道会創設
一一七九	サンティアゴ教会、教皇より聖年布告権付与さる（伝承）
一一八三	イブン・ジュバイル、メッカ巡礼に出発
一一九五	ムワッヒド軍、アラルコスの戦いでカスティーリャ軍を撃破
一二一二	ラス・ナバス・デ・トローサの戦い。アルフォンソ八世、ムワッヒド軍を破る。ブルゴスの施療院オスピタル・デル・レイ建設
一二二八	ムワッヒド朝滅亡。第三次ターイファ時代
一二三〇	カスティーリャ王国とレオン王国が再統合し、カスティーリャ王国成立
一二三〇	フェルナンド三世、コルドバ攻略
一二三七	ナスル朝グラナダ王国成立
一二三八	ハイメ（ジャウマ）一世、バレンシア攻略
一二四八	フェルナンド三世、セビーリャ攻略
一二五五	一二五五年のサアグーンの都市法成立
一二五六	アルフォンソ十世、『七部法典』編纂開始
一二六二	カディス攻略
一二六四	アンダルシーアとムルシアのムデハル反乱
一三〇〇	ローマ教会の聖年
一三四〇	グアダルーペ修道院建立
一三四四	ジブラルタル海峡解放
一三四八	ペスト蔓延
一三九一	大規模な反ユダヤ運動
一四〇〇	メディーナ・デル・カンポの大市開催
一四一九	フス戦争勃発
一四三六	ペロ・タフール、ローマ、イェルサレム巡礼に出発
一四四七	ブルゴス商務館（コンスラード）設立
一四四九	トレードで反コンベルソ暴動。「判決法規」制定
一四六五	レオ・デ・ロズミタールのスペイン、ポルトガル旅行
一四六九	カスティーリャ王女イサベルとアラゴン王太子フェルナンド結婚
一四七四	カスティーリャ女王イサベル一世即位
一四七七	フィレンツェの無名氏のサンティアゴ巡礼記

一四七九	アラゴン王フェルナンド二世即位
一四八〇	セビーリャに異端審問所開設
一四八二	グラナダ戦争開始
一四九二	グラナダ陥落しレコンキスタ運動完了。ユダヤ人追放。コロンブスのアメリカ「発見」
一四九四	ヒエロニムス・ミュンツァーのスペイン、ポルトガル旅行
一四九九	カトリック両王、サンティアゴ王立施療院建設に着手
一五〇〇	グラナダでムデハル反乱
一五〇二	カスティーリャのムデハル追放
一五〇四	イサベル一世没
一五一二	カスティーリャ王国、ナバーラ王国を併合
一五一六	カルロス一世即位
一五一九	カルロス一世、神聖ローマ皇帝カール五世として即位。マゼラン、世界一周へ
一五二一	コルテス、アステカ王国を征服
一五二五	アラゴンのムデハル追放（〜二六）
一五三二	ピサロ、インカ帝国征服
一五四五	トリエント（トレント）公会議開催
一五五六	フェリーペ二世即位
一五六一	王宮のマドリード移転
一五六八	オランダ独立戦争開始
一五七一	レパントの海戦
一五七九	ネーデルラント北部七州、ユトレヒト同盟結成
一五八〇	スペイン、ポルトガル併合
一五八八	無敵艦隊敗北
一五八九	サンティアゴ教会、聖ヤコブの遺骸隠匿
一五九六	ペスト流行
一六〇五	セルバンテス、『ドン・キホーテ』（第一部）発表
一六〇九	オランダとの停戦協定

一六一八	三十年戦争開始
一六四〇	カタルーニャの反乱。ポルトガル独立
一六四七	ペスト流行
一六四八	ウェストファリア条約
一七〇〇	フェリーペ五世即位し、スペイン・ブルボン朝成立
一七〇一	スペイン継承戦争開始
一七五九	カルロス三世即位
一七六七	イエズス会士の追放
一八〇五	トラファルガーの海戦
一八〇八	フランス軍駐留。スペイン独立戦争勃発。
一八一〇	カディス議会開催。この頃から、アメリカ植民地の独立運動活発化。
一八二三	フェルナンド七世、絶対王政復活
一八三四	異端審問制度廃止
一八三六	永代所有財産解放令
一八五一	ローマ教皇と政教協約締結
一八五八	ルルドでマリア顕現
一八六五	「血の純潔規約」撤廃
一八六八	九月革命
一八七三	第一共和政成立
一八七五	アルフォンソ十二世により王政復古
一八七九	サンティアゴ教会で聖ヤコブの遺骸「再発見」
一八八一	教皇庁、モンセラート（ムンサラット）修道院の黒い聖母をカタルーニャの守護聖母に認定
一八九〇	男子普通選挙制導入
一八九八	米西戦争
一九一四	第一次世界大戦始まる。スペインは中立宣言。
一九一七	ポルトガルのファーティマでマリア顕現。
一九二三	プリモ・デ・リベーラのクーデタ。独裁開始
一九三一	第二共和政成立
一九三六	アサーニャ政権成立。フランコ将軍蜂起し、スペイン内戦勃発

一九三七	ゲルニカ爆撃。フランコ将軍、ブルゴスに「国民政府」樹立
一九三九	スペイン内戦終結。第二次世界大戦勃発。スペインは中立を宣言。
一九四六	国連総会でスペイン排斥決議。サンティアゴ教会で第二次発掘調査
一九五四	サンティアゴ大司教パラシオス、フランコの同意を得て巡礼振興に着手
一九六〇年代	「奇跡の経済成長」
一九七五	フランコ没。フアン・カルロス一世、国家元首として即位。
一九八二	スペイン社会労働党のフェリーペ・ゴンサーレス政権成立。
	サッカー・ワールドカップ開催。サンティアゴ教会の聖年
一九八五	サンティアゴ旧市街、世界文化遺産に登録
一九八六	ヨーロッパ共同体（EC）加盟。イスラエルと国交樹立
一九九二	セビーリャ万博開催。バルセローナ五輪開催
一九九三	サンティアゴ巡礼路、世界文化遺産に登録
一九九六	スペイン国民党のアスナール政権成立
一九九九	サンティアゴ教会の聖年
二〇〇〇	ローマ教会の聖年
二〇〇二	ユーロの流通開始
二〇一〇	サンティアゴ教会の聖年
二〇一四	フェリーペ六世即位

図版出典一覧

x　現在のスペイン（著者作成）

13　15世紀のカタルーニャ地図（F. Cardini, *Europe 1492*, p.208）

17　聖地巡礼（F. Cardini, *Europe 1492*, p.128）

19　ムスリムの巡礼（15世紀）（F. Cardini, *Europe 1492*, p.180）

22　ユダヤ教の聖地サフェド（J.R. Magdalena Nom de Déu, *Relatos de viajes y epístolas de peregrinos judíos a Jerusalén*, p.97）

24　聖地ローマ（F. Cardini, *Europe 1492*, p.50）

25　聖地イェルサレム（P. Caucci von Saucken, *Roma, Santiago, Jerusalén*, p.239）

27　グラナダのアルハンブラ宮殿（関哲行他編『世界歴史の旅 スペイン』、三四頁）

28　アルハンブラ宮殿（ライオンの中庭）（関哲行他編『世界歴史の旅スペイン』、三五頁）

29　イブン・ジュバイルとトゥデラのベンヤミンの旅程（一部）（関哲行『スペイン巡礼史「地の果ての聖地」を辿る』、五三頁の地図を加筆修正）

31　マクペラの洞窟（J.R. Magdalena Nom de Déu, *Relatos de viajes y epístolas de peregrinos judíos a Jerusalén*, p.128）

32　南インドの都市コーチンのシナゴーグ（Comissão Nacional para as Comemorações dos Descobrimentos Portugueses（ed), *Diáspora e Expansão*, p.111）

33　胡椒を収穫するマラバール海岸のインド人（F. Cardini, *Europe 1492*, p.193）

35　聖女ヴェロニカの聖顔布（P. Caucci von Saucken, *Roma, Santiago, Jerusalén*, p.72）

39　15世紀のコンスタンティノープル（F. Cardini, *Europe 1492*, p.177）

41　騎乗するカルロス一世（堀越孝一他監訳『図説世界の歴史三』、三九三頁）

42　終末（F. Cardini, *Europe 1492*, p.189）

43　ティベリアス（J.R. Magdalena Nom de Déu, *Relatos de viajes y epístolas de peregrinos judíos a Jerusalén*, p.203）

44　聖墳墓教会（P. Caucci von Saucken, *Roma, Santiago, Jerusalén*, p.346）

47　聖墳墓教会に入る巡礼者（P. Caucci von Saucken, *Roma, Santiago, Jerusalén*, p.241）

49　サンタ・カタリーナ修道院（P. Caucci von Saucken, *Roma, Santiago, Jerusalén*, p.248）

51　ヴェネツィア（堀越孝一他監訳『図説世界の歴史三』、四〇八頁）

57　一〇八〇年頃の世界地図（P. Caucci von Saucken（ed.）, *Saint Jacques de Compostelle. Mille ans de pèlerinage en Europe*, pp.78-

79）

60　捕えられる聖ヤコブ（P. Caucci von Saucken (ed.), *Saint Jacques de Compostelle. Mille ans de pèlerinage en Europe*, p.313）

63　海を渡る聖ヤコブの遺骸（P. Caucci von Saucken (ed.), *Saint Jacques de Compostelle. Mille ans de pèlerinage en Europe*, p.285）

64　聖ヤコブの墓の「発見」（P. Caucci von Saucken (ed.), *Saint Jacques de Compostelle. Mille ans de pèlerinage en Europe*, p.47）

65　シャルルマーニュのスペイン入城（P. Caucci von Saucken (ed.), *Saint Jacques de Compostelle. Mille ans de pèlerinage en Europe*, p.43）

68　聖ヤコブの奇跡（巡礼者を救済する聖ヤコブ）（P. Caucci von Saucken (ed.), *Saint Jacques de Compostelle. Mille ans de pèlerinage en Europe*, p.93）

69　サント・ドミンゴ・デ・ラ・カルサーダの「蘇った鶏の奇跡」（P. Caucci von Saucken (ed.), *Saint Jacques de Compostelle. Mille ans de pèlerinage en Europe*, p.328）

71　「キリストの戦士」聖ヤコブ（P. Caucci von Saucken (ed.), *Saint Jacques de Compostelle. Mille ans de pèlerinage en Europe*, p.23）

72　死者の復活（P. Caucci von Saucken (ed.), *Saint Jacques de Compostelle. Mille ans de pèlerinage en Europe*, p.329）

75　1150年頃のサンティアゴの教会・修道院（F. López Alsina, *La ciudad de Santiago de Compostela en la edad media*, pp.248-251より作成）

76　サンティアゴ教会の「栄光の門（西門）」（P. Caucci von Saucken (ed.), *Saint Jacques de Compostelle. Mille ans de pèlerinage en Europe*, p.81）

77　聖年（1300年）のローマ巡礼者（P. Caucci von Saucken, *Roma, Santiago, Jerusalén*, p.70）

79　レコンキスタ運動の一場面（13世紀のラス・ナバス・デ・トローサの戦い）（堀越孝一他監訳『図説世界の歴史三』、二四二頁）

81　アルフォンソ6世（P. Caucci von Saucken (ed.), *Saint Jacques de Compostelle. Mille ans de pèlerinage en Europe*, p.124）

82　巡礼者を襲うアウトロー（P. Caucci von Saucken (ed.), *Saint Jacques de Compostelle. Mille ans de pèlerinage en Europe*, p.112）

84　無敵艦隊の敗北（堀越孝一他監訳『図説世界の歴史三』、四〇三頁）

85　サンティアゴ教会主祭壇の聖ヤコブ像（P. Caucci von Saucken (ed.), *Saint Jacques de Compostelle. Mille ans de pèlerinage en Europe*, p.97）

88　雪のソンポール峠（P. Caucci von Saucken (ed.), *Saint Jacques de Compostelle. Mille ans de pèlerinage en Europe*, p.173）

90　サンティアゴ巡礼路（「フランス人の道」）（B. Bravo Lozano, *Guía del peregrino medieval*, pp.24-25より作成）

91　巡礼路都市プエンテ・ラ・レイナ（P. Caucci von Saucken (ed.), *Saint Jacques de Compostelle. Mille ans de pèlerinage en Europe*, pp.176-177）

92 聖地を目指す巡礼船（P. Caucci von Saucken (ed.), *Saint Jacques de Compostelle. Mille ans de pèlerinage en Europe*, p.351）

93 サンティアゴ巡礼路（「銀の道」）（著者作成）

96 インディオと戦うコルテス軍（堀越孝一他監訳『図説世界の歴史三』、三三八頁）

98 インディオの改宗（堀越孝一他監訳『図説世界の歴史三』、三四五頁）

100 13世紀の『聖母マリア賛歌集』（P. Caucci von Saucken (ed.), *Saint Jacques de Compostelle. Mille ans de pèlerinage en Europe*, p.151）

101 キンミズキ（J. Mugarza, *Guía de las plantas medicinales del camino de Santiago*, Rontegui, p.14）

101 スイバ（J. Mugarza, *Guía de las plantas medicinales del camino de Santiago*, p.12）

104 トゥールの聖マルタンの墓所で祈る巡礼者（P. Caucci von Saucken, *Roma, Santiago, Jerusalén*, p.79）

107 巡礼杖と頭陀袋の祝福（P. Caucci von Saucken (ed.), *Saint Jacques de Compostelle. Mille ans de pèlerinage en Europe*, p.76）

108 中世のサンティアゴ巡礼者（P. Caucci von Saucken (ed.), *Saint Jacques de Compostelle. Mille ans de pèlerinage en Europe*, p.301）

110 巡礼講の結成（P. Caucci von Saucken (ed.), *Saint Jacques de Compostelle. Mille ans de pèlerinage en Europe*, p.106）

112 アルフォンソ10世（堀越孝一他監訳『図説世界の歴史三』、二一二頁）

117 聖ヤコブの黒玉細工（P. Caucci von Saucken (ed.), *Saint Jacques de Compostelle. Mille ans de pèlerinage en Europe*, p.359）

119 ドイツの聖ヤコブ兄弟団（P. Caucci von Saucken (ed.), *Saint Jacques de Compostelle. Mille ans de pèlerinage en Europe*, p.306）

123 徒歩巡礼者（P. Caucci von Saucken (ed.), *Saint Jacques de Compostelle. Mille ans de pèlerinage en Europe*, p.280）

124 15世紀の宿屋のベッド（L. Camusso, *Guida ai viaggi nellEuropa del 1492*, p.50）

125 宿屋に入る巡礼者（P. Caucci von Saucken, *Roma, Santiago, Jerusalén*, p.49）

127 サンティアゴ巡礼路沿いの十字架（P. Caucci von Saucken (ed.), *Saint Jacques de Compostelle. Mille ans de pèlerinage en Europe*, p.184）

129 捕えられるヤン・フス（堀越孝一他監訳『図説世界の歴史三』、二六三頁）

132 16世紀のリスボン（W.D. Phillips, *Historia de la esclavitud en España*, p.145）

133 馬上槍試合（トーナメント）（F. Cardini, *Europe 1497*, p.31）

134 バスコ・ダ・ガマ（堀越孝一他監訳『図説世界の歴史三』、三三二頁）

137 ヴェズレーのサント・マドレーヌ教会（P. Caucci von Saucken

(ed.), *Saint Jacques de Compostelle. Mille ans de pèlerinage en Europe*, p.241)

138 ナバーラ地方のサンティアゴ巡礼路（P. Caucci von Saucken (ed.), *Saint Jacques de Compostelle. Mille ans de pèlerinage en Europe*, p.147)

139 15〜16世紀のフィレンツェ（F. Cardini, *Europe 1492*, p.64)

141 聖ヤコブの遺骸を収めた銀製の聖遺物匣（P. Caucci von Saucken (ed.), *Saint Jacques de Compostelle. Mille ans de pèlerinage en Europe*, p.67)

147 11〜12世紀のイベリア半島（立石博高編『スペイン・ポルトガル史』、八五頁を加筆修正）

148 ブルゴス教会（P. Caucci von Saucken (ed.), *Saint Jacques de Compostelle. Mille ans de pèlerinage en Europe*, p.212)

149 エル・シッドの墓所（サン・ペドロ・デ・カルデーニャ修道院）（堀越孝一他監訳『図説世界の歴史三』、一七八頁）

151 ブルゴスの都市プラン（15世紀）（J.A. Bonachía Hernando, *El concejo de Burgos en la baja edad media*, p.29より作成）

154 荒廃したサアグーン修道院（A. Shaver-Crandel, P. Gerson, *The Pilgrim's Guide to Santiago de Compostela*, p.302)

155 サアグーンの都市プラン（J. Rodríguez Fernández, *Las juderías de la provincia de León*, pp.226-227より作成）

156 スペインのユダヤ人靴職（関哲行・踊共二著『忘れられたマイノリティ』、一二五頁）

161 サンティアゴの都市プラン（12世紀初頭）（J. Barreiro Somoza, *El señorío de la iglesia de Santiago de Compostela*, p.239より作成）

165 現在のサンティアゴ・デ・コンポステーラ市中心部。中央、サンティアゴ教会の左手がサンティアゴ王立施療院（現パラドール）（D. García Guerra, *El hospital real de Santiago*, p.253)

169 サンティアゴ巡礼者への慈善(1)（P. Caucci von Saucken (ed.), *Saint Jacques de Compostelle. Mille ans de pèlerinage en Europe*, p.100)

171 レオン教会（P. Caucci von Saucken (ed.), *Saint Jacques de Compostelle. Mille ans de pèlerinage en Europe*, p.213)

174 16世紀のサン・フロイラン施療院の平面図（H. Santiago Otero (ed.), *El camino de Santiago, la hospitalidad monástica y las peregrinaciones*, pp.74-75より作成）

175 アストルガの施療院（L. Huidobro y Serna, *Las peregrinaciones jacobeas*, p.679)

178 「貧民」（F. Cardini, *Europe 1492*, p.158)

178 「貧民」への慈善（F. Cardini, *Europe 1492*, p.158)

181 グラナダに入城するカトリック両王（堀越孝一他監訳『図説世界の歴史三』、三〇七頁）

182 20世紀初頭のサンティアゴ王立施療院正面（D. García Guerra, *El hospital real de Santiago*, p.135)

183　サンティアゴ教会とサンティアゴ王立施療院（向かって左側の建物。現パラドール）（P. Caucci von Saucken (ed.), *Saint Jacques de Compostelle. Mille ans de pèlerinage en Europe*, pp.58-59）

186　施療院での医者による診察と治療（F. Cardini, *Europe 1492*, p.164）

188　施療院で養育される孤児（F. Cardini, *Europe 1492*, p.159）

190　サンティアゴ王立施療院の平面図（D. García Guerra, *El hospital real de Santiago*, p.33）

193　サンティアゴ巡礼者への慈善⑵（P. Caucci von Saucken (ed.), *Saint Jacques de Compostelle. Mille ans de pèlerinage en Europe*, p.101）

194　フェリーペ2世（堀越孝一他監訳『図説世界の歴史⑶』、三九八頁）

198　「地の果て（フィニス・テラーエ）」（P. Caucci von Saucken (ed.), *Saint Jacques de Compostelle. Mille ans de pèlerinage en Europe*, p.191）

199　サンティアゴ巡礼者（P. Caucci von Saucken (ed.), *Saint Jacques de Compostelle. Mille ans de pèlerinage en Europe*, p.237）

写真出典一覧

3 新四国相馬巡礼八十二番札所の弘経寺（著者撮影）
5 サンティアゴ教会とオブラドイロ広場（問屋正勝氏撮影）
7 三つの一神教の聖地イェルサレム（著者撮影）
9 サンティアゴ巡礼路沿いの菜の花畑（問屋正勝氏撮影）
11 聖地サンティアゴ近郊の「喜びの丘」に建つ巡礼者像（問屋正勝氏撮影）
15 「嘆きの壁」と岩のドーム（著者撮影）
36 ヤッファの町並み（著者撮影）
37 ヨルダン川（著者撮影）
45 グアダルーペ修道院（著者撮影）
52 「嘆きの道」（著者撮影）
55 サンティアゴ教会（問屋正勝氏撮影）
59 ピレネー南麓の岩山に造営されたサン・フアン・デ・ラ・ペーニャ修道院（問屋正勝氏撮影）
61 ピラールの聖母教会（サラゴーサ）（著者撮影）
87 サンティアゴ教会の聖ヤコブ（著者撮影）
95 グアダルーペ修道院の「黒いマリア」（著者撮影）
102 サン・アントン修道院（カストロヘリス）（問屋正勝氏撮影）
105 レオンのサン・フロイラン施療院（問屋正勝氏撮影）
113 サンティアゴ巡礼路の難所の一つセブレイロ峠（ガリシア地方）（問屋正勝氏撮影）
114 サンティアゴ巡礼路（カストロヘリス近郊）（問屋正勝氏撮影）
115 サンティアゴ巡礼路沿いに建つエウナテ教会（ナバーラ地方）（問屋正勝氏撮影）
121 ガリシア地方のサンティアゴ巡礼路道標（問屋正勝氏撮影）
131 モンセラート修道院（著者撮影）
143 巡礼路都市プエンテ・ラ・レイナ市内（問屋正勝氏撮影）
145 巡礼路都市フロミスタのサン・マルティン教会（問屋正勝氏撮影）
160 サンティアゴ教会（著者撮影）
167 レオン教会（問屋正勝氏撮影）
172 サン・イシドーロ修道院（問屋正勝氏撮影）
176 アストルガ教会（問屋正勝氏撮影）
200 メセタ（中央台地）のサンティアゴ巡礼路（問屋正勝氏撮影）
201 イェルサレムの「黄金の門」（著者撮影）
203 サンティアゴ巡礼路の黎明（問屋正勝氏撮影）

【著者紹介】

関　哲行（せき　てつゆき）

1950年　茨城県生まれ。
上智大学大学院博士課程単位取得満期退学
現在、流通経済大学社会学部（国際観光学科）教授

主要著書

『スペインのユダヤ人』（山川出版社、2003年）
『スペイン巡礼史「地の果ての聖地」を辿る』
（講談社現代新書、2006年）
『世界歴史大系スペイン史１』（共編著，山川出版社，2008年）
『旅する人びと』（岩波書店、2009年）
『忘れられたマイノリティ』（共著，山川出版社，2016年）

前近代《ぜんきんだい》スペインのサンティアゴ巡礼《じゅんれい》
比較巡礼史序説

発行日　2019年10月21日　初版発行

著　者　関　哲　行
発行者　野　尻　俊　明
発行所　流通経済大学出版会
〒301-8555　茨城県龍ヶ崎市120
電話　0297-60-1167　FAX　0297-60-1165

Printed in Japan/アベル社
ISBN978-4-947553-81-2 C0222 ¥1200E

人名索引

ア　行

カ　行

サ　行

タ　行

ナ　行

ハ　行

マ　行

ヤ　行

ラ　行

地名索引

ア 行

カ 行

サ 行

タ 行

ナ 行

ハ 行

マ 行

ヤ 行

ラ 行

事項索引

ア　行

カ　行

サ 行

タ 行

ナ 行

ハ 行

マ　行

ヤ　行

ラ　行

ワ　行